KERSTIN SCHREYER

FRED von SOHO

MIT STYLEGUIDE

IN DEN GRÖSSEN 34–46

MIT PLOTTER-DATEIEN

ÜBER 150 DESIGN-BEISPIELE

ATHLEISURE

IT-PIECES AUS JERSEY, SWEAT & CO. NÄHEN

Meine Handarbeitslehrerin in der 6. Klasse, ein kleine und liebevolle ältere Dame, riet mir damals nach dem ungefähr dritten misslungenen Versuch an der Nähmaschine, es doch mal mit dem Werkunterricht bei den Jungs zu versuchen. Doch ich wollte, genau wie meine Mama, stricken, nähen und alles lernen, was sonst noch so zum klassischen Handarbeitsunterricht dazu gehört. In meiner Jugend, ganz nach dem Vorbild meiner Mutter, die neben dem Stricken ebenfalls das Nähen in absoluter Perfektion beherrschte, habe ich also unermüdlich an meinen Fähigkeiten gearbeitet.

Wäre ich dem Wunsch meiner Eltern gefolgt, hätte ich nach meiner Schullaufbahn eine Ausbildung zur Schneiderin begonnen. An dieser Stelle wage ich zu behaupten, dass Eltern es doch meist besser wissen als man selbst, wenn ich sehe, wohin mich mein Weg geführt hat.

Beruflich jedoch hat es mich nach dem Abitur erst einmal in eine ganz andere Richtung gezogen. Nach meiner Ausbildung als Mediengestalterin und einigen Jahren Berufserfahrung in zahlreichen Branchen, führte mich, nach der Geburt meines Sohnes, der Weg an die Nähmaschine zurück. Ein zufälliger Schritt nach dem anderen führte zum ersten Schnitt für Kinder, Schnitte für Damen und Herren folgten kurz darauf. Aus Herzblut für mein wiederentdecktes Hobby war in kürzester Zeit das Label Fred von SOHO geworden.

Neben meiner wundervollen Familie habe ich mittlerweile ein professionelles Schnittbüro und eine Reihe kreativer Probenäherinnen zuverlässig an meiner Seite, um all die Ideen Wirklichkeit werden zu lassen. Heute, nach einigen Jahren Fred von SOHO, ist eines ganz klar: Frauen nähen immer mehr und mit einer unfassbaren Begeisterung auch für sich selbst. Die Herausforderungen an Mode für Damen ist noch einmal eine ganz andere und es gibt nahezu unbegrenzte Möglichkeiten, jedes Kleidungsstück aktuellen Modetrends oder dem ganz eigenen Stil anzupassen.

Mit meinem Buch entführe ich dich in die Athleisure-Welt. Ich zeige dir, wie du aus den schönsten Basicteilen deinen kompletten Kleiderschrank büro- und ausgehtauglich machen kannst. Ob nun der Hoodie kombiniert mit einem Rock und ein paar richtig schicken Schuhen oder die Sweatpants mit einem eleganten Blazer, mit diesen Schnitten bist du immer passend und bequem gekleidet.

Wir sehen uns an der Nähmaschine,

WAS IST ATHLEISURE?

Der Begriff Athleisure setzt sich aus zwei Begriffen zusammen: „Athletic" und „Leisure Wear", was übersetzt so viel wie „sportliche Freizeitbekleidung" bedeutet. Spätestens seit 2018 kommt man an diesem Trend nicht mehr vorbei. War es vor einigen Jahren noch unangebracht, Sweatpants oder Leggings im Alltag zu tragen, ist Sportbekleidung jetzt aus unserem Alltag nicht mehr wegzudenken. Bekannte Sportmarken haben den Trend mit neuen Modellen, frischen Farben und Mustern aus dem Sportbereich erfolgreich auf die Straßen, in Schulen und die Büros gebracht.

Schon weit vor 2018 hat es der Sneaker aus dem Sportbereich als erstes Produkt in unseren Alltag geschafft. Mit schmal geschnittenen Sweatpants, bequemen Hoodies und vielen weiteren tollen Kleidungsstücken schafft Athleisure etwas, das vielen Laufstegtrends nicht gelingt: Es ist praktisch, vielseitig, vereint Funktionalität, Komfort und gutes Design. Athleisure Wear gehört seit Jahren zu den wachstumsstärksten Bereichen der Modeindustrie. Die Branchenriesen aus dem Sportbereich arbeiten mit namhaften Designern zusammen, prägen diesen Trend und fahren dabei schwindelerregende Gewinne ein, Tendenz weiter steigend.

Egal ob sportlicher Hoodie, Badelatschen, Sneaker in allen Varianten, Sweatpants oder High Waist Leggings – aus den sozialen Medien und den angesagten Mode- und Styling-Blogs ist der lässige und sportliche Trend nicht mehr wegzudenken.

Und wie kombiniert man diesen Trend nun richtig? Je nach Anlass gibt es ein paar Tricks und Kniffe, wie du deine Athleisure Wear richtig kombinieren kannst. Zum Hosenanzug passen super ein simples T-Shirt und ein paar auffällige Sneaker und schon hast du den passenden Look für deinen Tag im Büro. Eine Sweatpants aus hochwertigem Material kombiniert mit Pumps und einer Bluse machen sich wiederum nicht nur im Büro richtig gut. Eines ist in jedem Fall klar, Stilbrüche sind bei diesem Trend sehr erwünscht.

Im DIY-Bereich gibt es mittlerweile neben klassischen Jerseys eine Vielzahl hochwertiger Stoffe und Materialien, die sich hervorragend eignen, um aus den Schnitten in diesem Buch absolute Outfit-Highlights im Athleisure Style zu kreieren.

DER FASHION HOODIE

STYLEGUIDE

STILBRÜCHE sind ganz typisch für den Athleisure-Look.

Hier haben wir den lässigen, sportlichen **HOODIE** aus einem recht groben Stoff zu einem schicken **PLISSEEROCK** mit viel Glanz kombiniert. Die hohen **SANDALEN** im passenden Farbton machen den Style komplett.

SCHWIERIGKEITSGRAD 2

GRÖSSE
34-46

MATERIAL

- Sommersweat,
  150 cm x 140 cm (Größe 34-40)
  170 cm x 140 cm (Größe 42-46)
- Singlejersey,
  70 cm x 50 cm (Größe 34-42)
  70 cm x 55 cm (Größe 44 und 46)
- Rippjersey, 35 cm x 110 cm (für alle Größen)

Optionales Material

- 2 Ösen
- Patches zum Verstärken der Ösen
- Kordel, ca. 120 cm
- Kordelstopper o.Ä.
- Plot aus der Plotterserie zum Buch, siehe Seite 135

SCHNITTMUSTERBOGEN 1A + 2A

NAHTZUGABEN
Naht- und Saumzugaben sind nicht im Schnittmuster enthalten, siehe auch Seite 127.

ZUSCHNITT

Sommersweat

- Vorderteil 1x im Stoffbruch
- Rückenteil 1x im Stoffbruch
- Ärmel 2x (1x gegengleich)
- Kapuze 2x (1x gegengleich)
- Kapuzenstreifen 1x im Stoffbruch

Singlejersey

- Kapuze 2x (1x gegengleich)

Rippjersey

- Ärmelbündchen 2x im Stoffbruch
- Saumbündchen 1x im Stoffbruch

HINWEIS: Weitere Varianten des Hoodies findest du auf Seite 108/109.

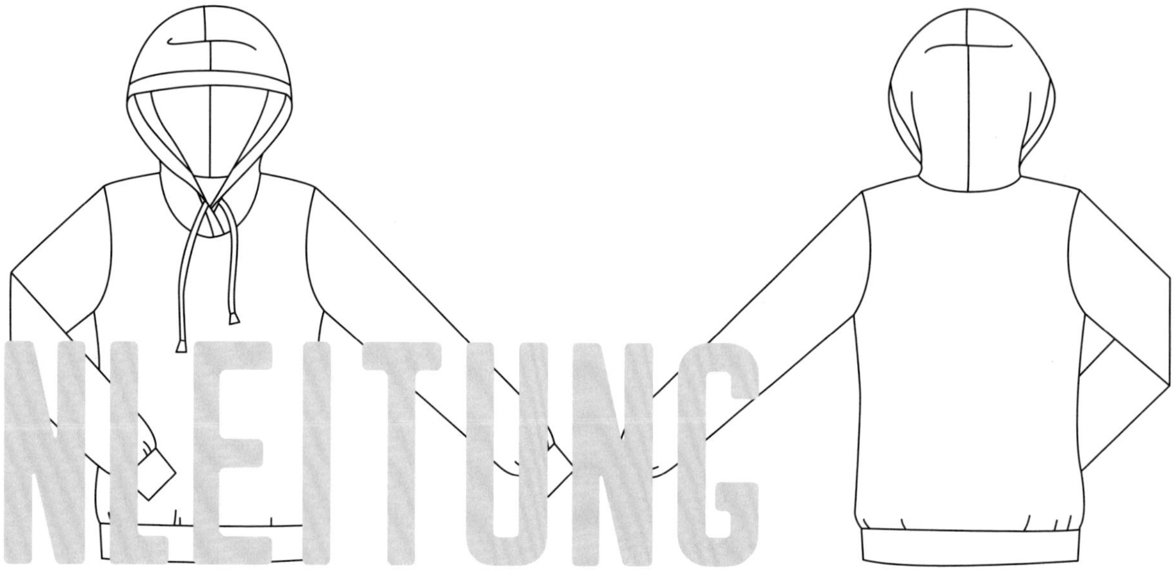

ANLEITUNG

1 Vorder- und Rückenteil rechts auf rechts aufeinanderlegen und an beiden Schultern und beiden Seiten zusammennähen.

2 Den ersten Ärmel rechts auf rechts zusammenlegen und die Ärmelnaht schließen.

3 Den Ärmel rechts auf rechts in das Armloch des Hoodies stecken, sodass Seiten- und Ärmelnaht sowie die entsprechenden Knipse von Ärmel und Armloch jeweils aufeinandertreffen. Den Ärmel annähen und die Arbeitsschritte für den zweiten Ärmel wiederholen.

4 Beide Ärmelbündchen und das Saumbündchen, wie in der Grundanleitung auf Seite 128 und 129 beschrieben, an die Ärmel und den Saum nähen.

5 Die beiden Kapuzenteile aus Sommersweat und Singlejersey jeweils rechts auf rechts aufeinanderlegen und an der Scheitelnaht zusammennähen.

6 Möchtest du eine Kordel in die Kapuze einziehen, Ösen, wie in der Grundanleitung auf Seite 132 beschrieben, am Kapuzenstreifen anbringen. Kapuzenstreifen links auf links zur Hälfte falten, sodass die Längskanten aufeinanderliegen, und rechts auf rechts zwischen Außen- und Innenkapuze stecken. Falls du dich für Ösen entschieden hast, achte darauf, dass die Ösen zur Außenkapuze zeigen.

7 Kapuzenstreifen, Außen- und Innenkapuze an den vorderen Kanten in einem Rutsch zusammennähen. Kapuze wenden und den Kapuzenstreifen eventuell absteppen.

8 Die Kapuze rechts auf rechts an den Halsausschnitt des Hoodies stecken und annähen. Hierbei wird der Kapuzenstreifen jeweils über die vordere Mitte hinaus auf der gegenüberliegenden Seite festgesteckt, sodass die Ansatznaht des Streifens auf die vordere Mitte des Vorderteils trifft.

9 Die Kordel bzw. das Band mit einer Sicherheits- oder Durchziehnadel durch den Kapuzenstreifen fädeln und die Kordelenden, wie in der Grundanleitung auf Seite 133 beschrieben, sichern.

1

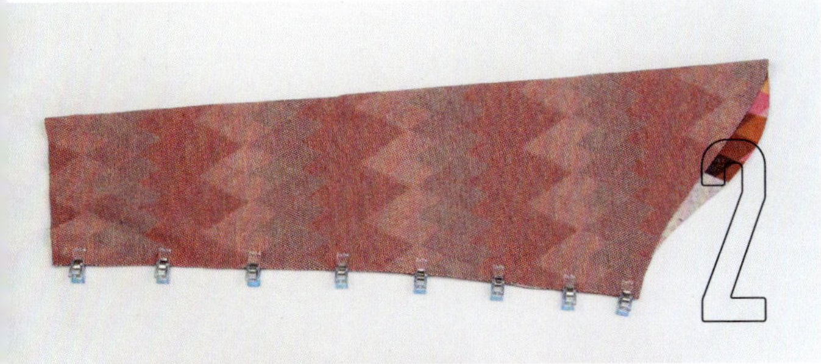
2

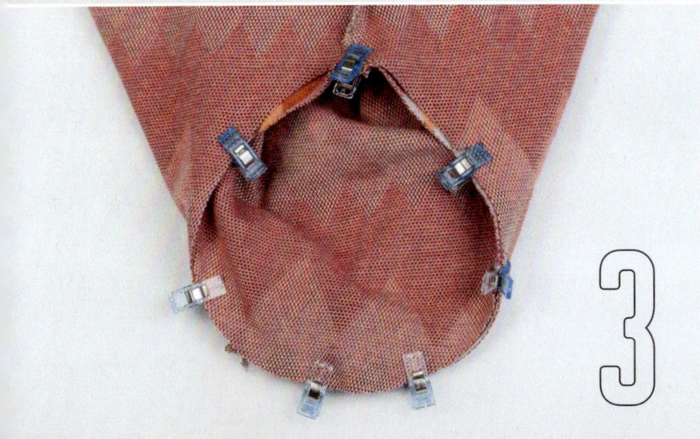
3

4

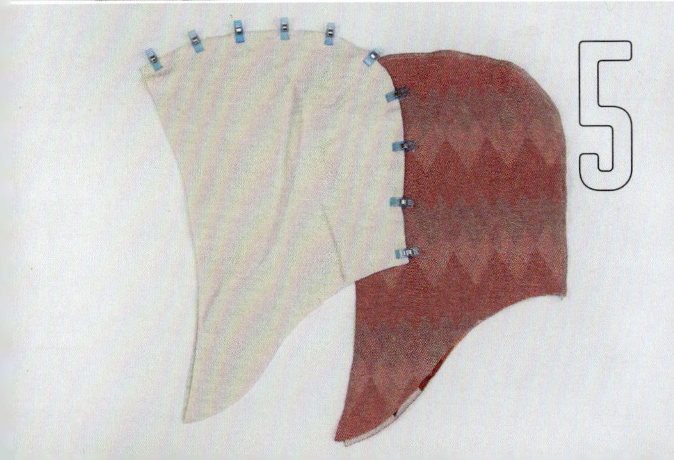
5

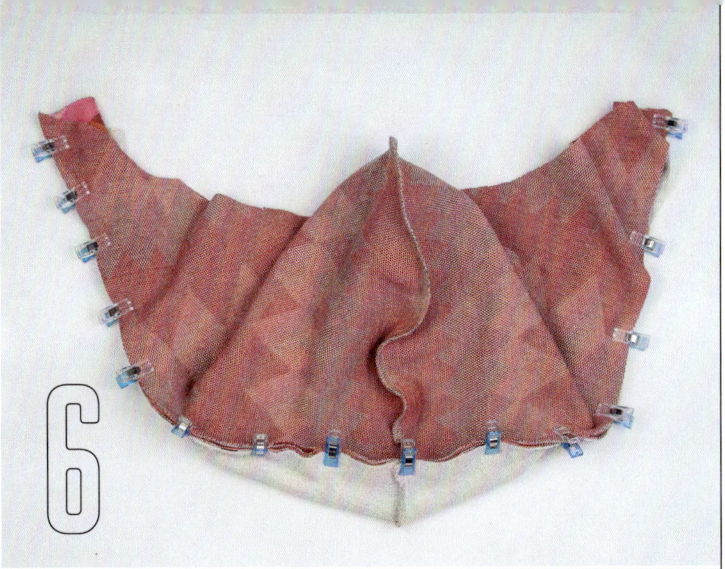
6

7

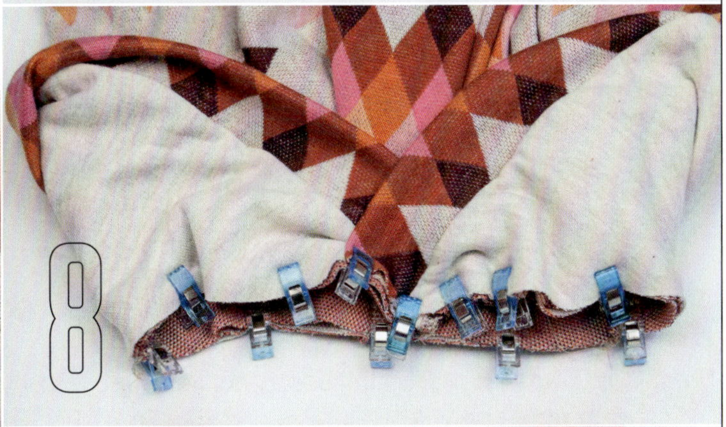
8

9

FROLLEIN SCHWEIGER

Martina hat sich einen Air Skirt (Seite 96) passend zum Hoodie genäht.

HIRSCHKAUZ/JOSIIS SWEETIES

Statementhoodie mit used Jeans – Josefines Look ist ein Streetstyle-Klassiker.

MISSY & MONSTER

Pink und Rosa – ein Traumteam! Wrap Skirt (Seite 84) und Beanie (Seite 102) sind perfekte Kombipartner für den Hoodie.

SCHERE, NADEL UND STOFF

Mit den passenden High Waist Leggings (siehe Seite 72) und weißen Sneakern stylt Sarah ihren Hoodie ganz sportlich.

SEWING LOOKBOOK

Patricia hat ihren Hoodie mit einem Glitzerplot und Streifenband aufgepimpt.

DESIGN BEISPIELE MEINES PROBE NÄHTEAMS

DELISEWS

Zum Hoodie mit großem Plot kombiniert Denise eine schmale Jeans und weiße Sneaker.

ZORNRÖSCHENS NÄHWELT

Geraldines Look mit Hoodie und passendem Wrap Skirt ist lässig und romantisch.

NOTIS WELT

Notburga hat einen tollen Stilbruch geschaffen, indem sie den Hoodie mit einem Air Skirt (Seite 96) mit großem Blumenmuster und Sneakern kombiniert.

NINA NÄHT

Mit dem passenden Rock (Seite 90) wird Ninas Hoodie bürotauglich.

TOUGH COOKIE

Tanjas Hoodie im Stoffmix ist der perfekte Alltagsbegleiter.

ZAUBERELLA

Mit einem schwarzen Wrap Skirt (Seite 84) und silberfarbenen Boots wirkt Simones Hoodie cool und lässig.

DAS HOODIE DRESS

STYLE GUIDE

Einem sportlichen Hoodie-Dress kannst du mit auffälligen Accessoires Glamour verleihen. Wir haben uns für eine silberfarbene **TASCHE** und **SONNENBRILLE** entschieden. Die **SNEAKERS** greifen den sportlichen Look auf. Soll es schicker wirken, einfach hohe **SANDALEN** oder **PUMPS** dazu kombinieren.

WICHTIG: Unter dem Kleid eine ganz schmale Hose oder Leggings tragen, damit es nicht unförmig wirkt.

SCHWIERIGKEITSGRAD 2

GRÖSSE
34–46

MATERIAL

- Stoff 1: Sommersweat oder Strick-Jacquard,
  150 cm x 140 cm (Größe 34–40)
  180 cm x 140 cm (Größe 42–46)
- Stoff 2 (Futter): Singlejersey,
  80 cm x 140 cm (Größe 34–40)
  85 cm x 140 cm (Größe 42–46)
- Rippjersey, 35 cm x 120 cm (für alle Größen)

Optionales Material

- 2 Ösen
- Patches zum Verstärken der Ösen
- Kordel, ca. 120 cm
- Kordelstopper o.Ä.
- Plot, die Herzen findest Du als Gratisdownload bei www.fred-vonsoho.de/Freebies-Tutorials/

SCHNITTMUSTERBOGEN 1A + 1B

NAHTZUGABEN
Naht- und Saumzugaben sind nicht im Schnittmuster enthalten, siehe auch Seite 127.

ZUSCHNITT

Stoff 1

- Vorderteil 1x im Stoffbruch
- Rückenteil 1x im Stoffbruch
- Ärmel 2x (1x gegengleich)
- Kapuze 2x (1x gegengleich)
- Kapuzenstreifen 1x im Stoffbruch

Stoff 2

- Kapuze 2x (1x gegengleich)
- Kapuzenstreifen 1x im Stoffbruch
- Nahttaschen 4x (2x gegengleich)

Rippjersey

- Ärmelbündchen 2x im Stoffbruch
- Saumbündchen 1x im Stoffbruch

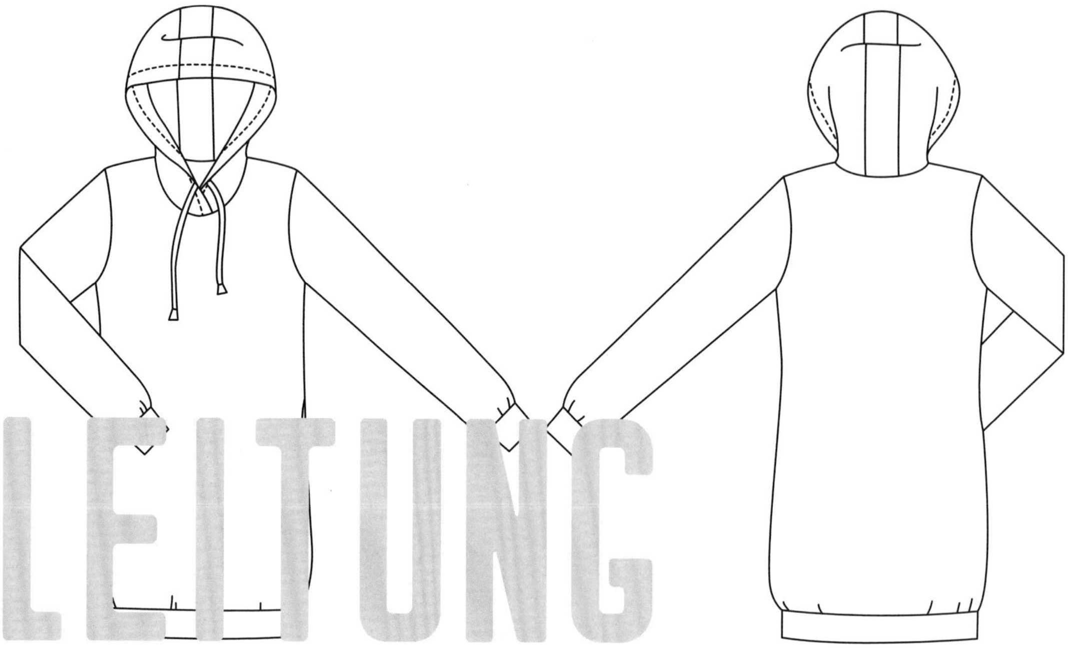

ANLEITUNG

Falls gewünscht, je ein Plotter-Motiv mittig auf das Vorderteil und auf den Kapuzenstreifen bügeln. Berücksichtige bei der Platzierung, dass die Nahtzugaben jeweils am Rand noch vernäht werden und das Motiv hier genügend Abstand haben sollte.

1 Die Taschenbeutel an den jeweiligen Markierungen für die Taschen rechts auf rechts an Vorder- und Rückenteil stecken.

2 Alle vier Taschenbeutel mit einem Geradstich an Vorder- und Rückenteil nähen. Achte darauf nur von Markierung zu Markierung zu nähen und die Nahtzugabe nicht mit anzunähen.

3 Vorder- und Rückenteil rechts auf rechts aufeinanderlegen, sodass die Taschenbeutel exakt aufeinanderliegen. Alles feststecken, damit nichts mehr verrutschen kann.

4 Jeweils mit einer durchgehenden Naht die Seiten bis zum Nahtanfang der Tasche, den Taschenbeutel bis zum Nahtende der Tasche und dann die restliche Seite zusammennähen.

5 Die obere und untere Öffnung der Taschen mit einem engen Zickzackstich verriegeln, um das Einreißen der Taschen zu vermeiden.

6 Vorder- und Rückenteil an beiden Schultern rechts auf rechts zusammenstecken und -nähen.

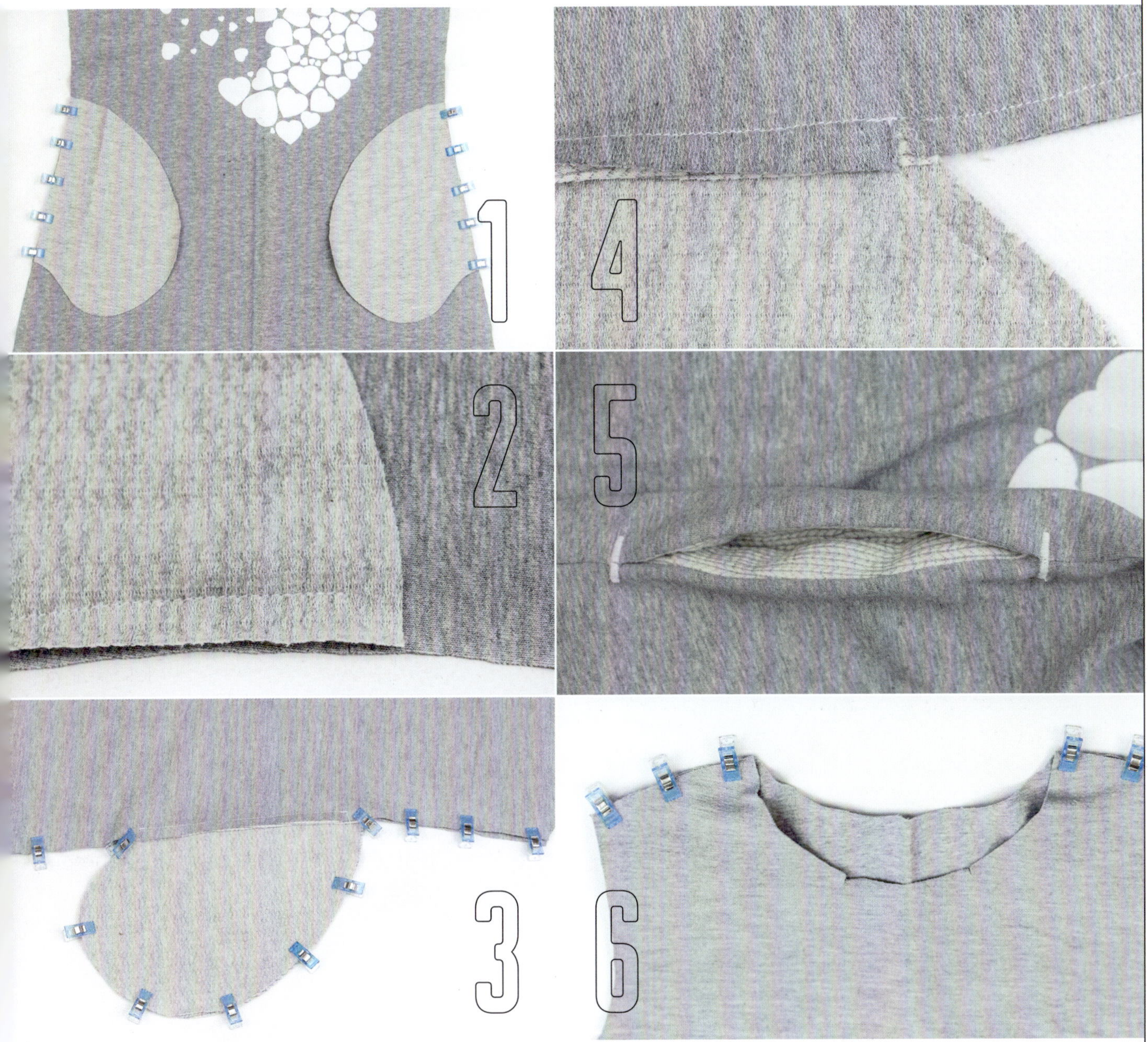
1
2
3
4
5
6

7 Den ersten Ärmel rechts auf rechts zusammenlegen und die Ärmelnaht schließen.

8 Den Ärmel rechts auf rechts in das Armloch des Hoodies stecken, sodass Seiten- und Ärmelnaht sowie die entsprechenden Knipse von Ärmel und Armloch jeweils aufeinandertreffen. Den Ärmel annähen und die Arbeitsschritte für den zweiten Ärmel wiederholen.

9 Beide Ärmelbündchen und das Saumbündchen, wie in der Grundanleitung auf Seite 128 und 129 beschrieben, an die Ärmel und den Saum nähen.

10 Kapuzenteile von der Außenkapuze (Stoff 1) jeweils rechts auf rechts an den Kapuzenstreifen stecken und zusammennähen. Nahtzugaben auseinanderbügeln und die Nähte, falls gewünscht, absteppen. Die Futterkapuze auf dieselbe Weise arbeiten. Hast du dich für Ösen entschieden, diese jetzt, wie in der Grundanleitung auf Seite 132 beschrieben, an der Außenkapuze anbringen.

11 Außen- und Innenkapuze an der vorderen Kante rechts auf rechts aufeinanderstecken und zusammennähen. Die Kapuze verstürzen und darauf achten, dass die Nähte aufeinanderliegen. Für die Variante mit Ösen den Ausschnitt der Kapuze ringsum ca. 5 cm breit absteppen. Ohne Ösen reicht es, wenn du Außen- und Innenkapuze an einigen Stellen exakt auf den Nähten miteinander von Hand fixierst.

12 Die Kapuze an die rechte Seite des Halsausschnitts stecken und annähen, dabei liegt die Außenkapuze rechts auf rechts auf Vorder- und Rückenteil. Für die Variante mit Ösen mit einer Sicherheitsnadel oder einer Durchziehnadel die Kordel in den Tunnelzug der Kapuze einziehen. Kordelenden, wie in der Grundanleitung auf Seite 133 beschrieben, sichern.

7

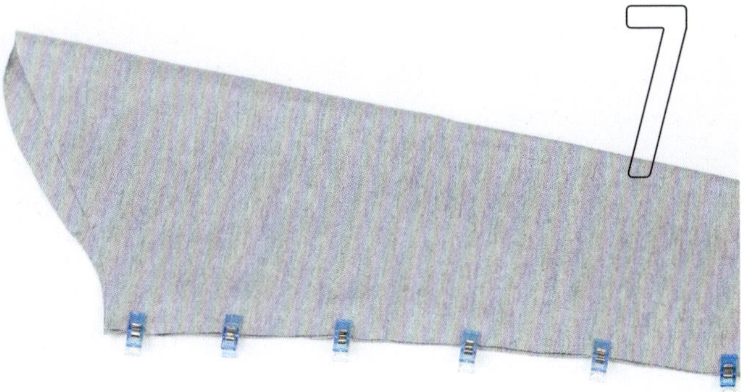

10

8

11

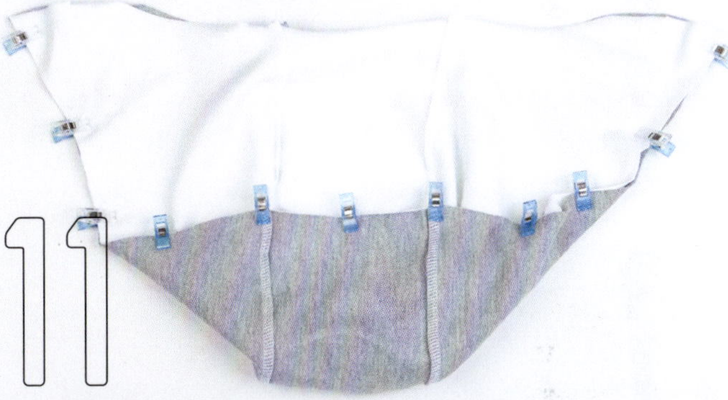

9

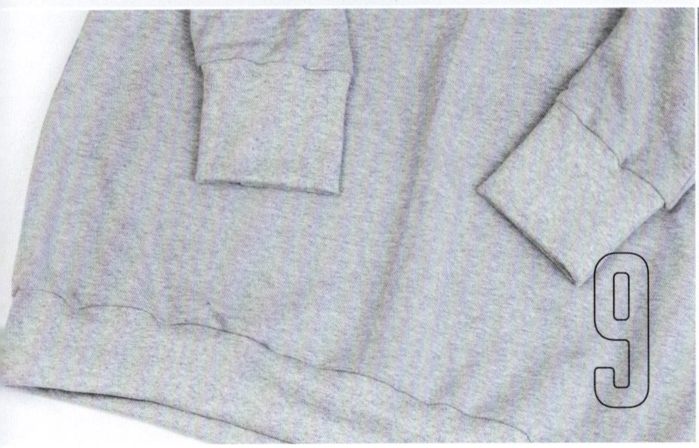

12

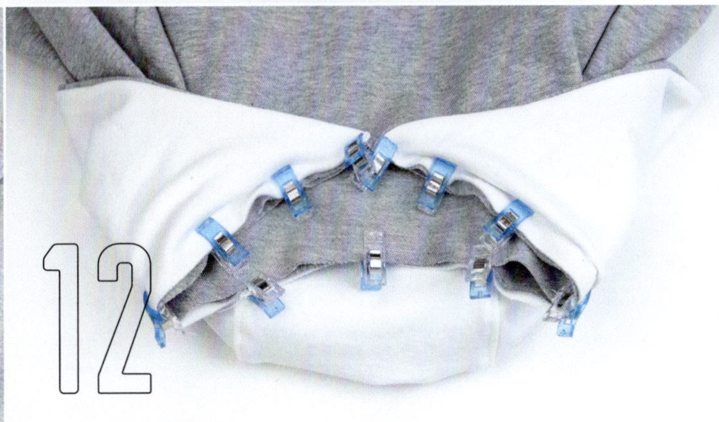

MES PETITES CREATIONS JUEL

Josefines Hoodiedress im Ankerdesign ist das perfekte Urlaubsoutfit.

INSELNAHT

Claudia hat sich für eine schlichte, gemütliche Variante entschieden, die sich vielseitig stylen lässt.

NINA NÄHT

Ein Kapuzenfutter im Blümchendesign und Zackenlitze geben dem sportlichen Dress eine romantische Note.

MILEO.ME NÄHLIEBE

Nina hat ihr Hoodiedress im Leo-Look mit Overknees und Sneakern kombiniert.

ANJA SASSMANNSHAUSEN

Eine XXL-Applikation ist der Gag an Anjas Hoodiedress.
Mit den Leggings (Seite 72) ein perfekter Look für den Herbst.

DESIGN BEISPIELE MEINES PROBE NÄHTEAMS

DESIGN BEISPIELE MEINES PROBE NÄHTEAMS

SEWING LOOKBOOK
Ein wilder Stoff und goldene Perlen ergeben zusammen mit einer Leggings einen rockigen Look.

RODIAMANTEN
Zu Leggings und Sneakern kombiniert ist das Dress der perfekte All-tagsbegleiter. Die Beanie (Seite 102) rundet den Look ab.

ANJA SASSMANNS-HAUSEN
Ein auffälliges Stoffdesign reicht, schon wirkt das Hoodiekleid gar nicht mehr so sportlich.

NINA NÄHT
Rote und weiße Akzente sind die Highlights des schwarzen Kleides und machen es citytauglich.

STOFFTRAUM
Ohne Kapuze und aus einem Stoff mit Metallic-Akzenten wird das Dress ausgehfein.

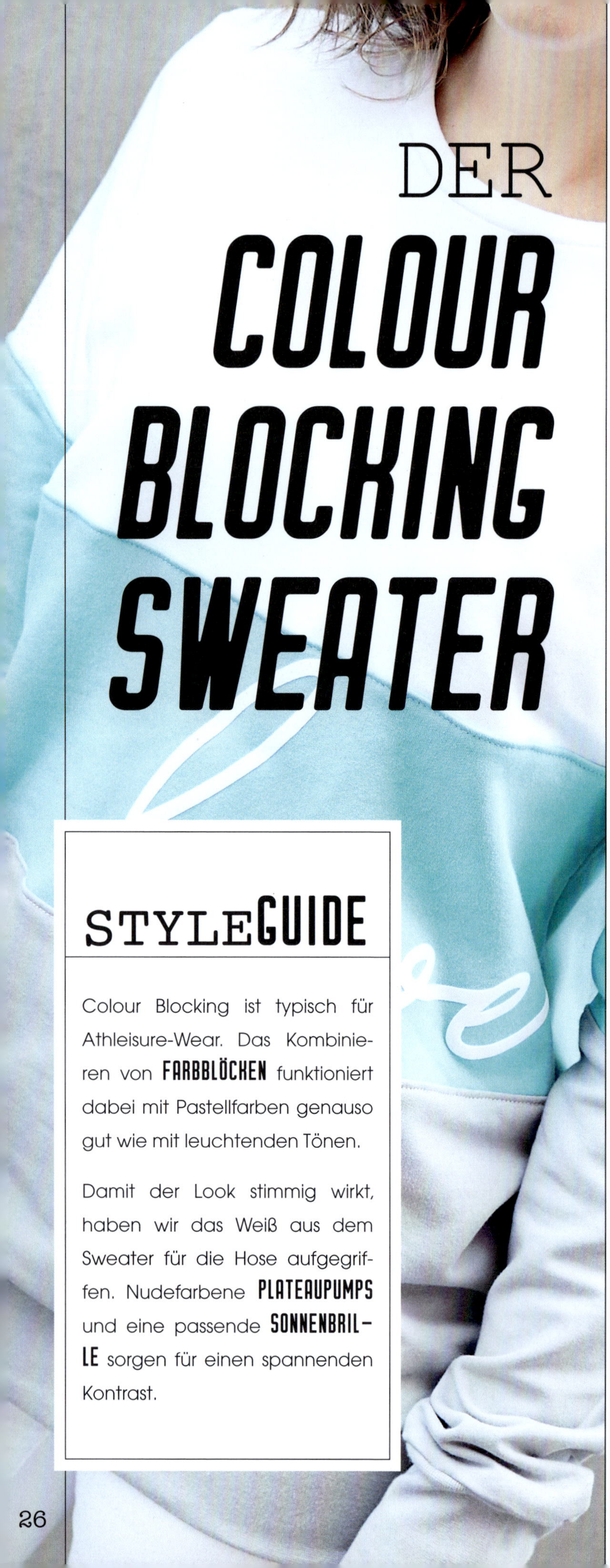

DER COLOUR BLOCKING SWEATER

STYLEGUIDE

Colour Blocking ist typisch für Athleisure-Wear. Das Kombinieren von **FARBBLÖCKEN** funktioniert dabei mit Pastellfarben genauso gut wie mit leuchtenden Tönen.

Damit der Look stimmig wirkt, haben wir das Weiß aus dem Sweater für die Hose aufgegriffen. Nudefarbene **PLATEAUPUMPS** und eine passende **SONNENBRILLE** sorgen für einen spannenden Kontrast.

SCHWIERIGKEITSGRAD 1

GRÖSSE
34–46

MATERIAL

- Stoff 1: Sweat oder Strick-Jacquard, 60 cm x 140 cm (für alle Größen)
- Stoff 2: Sweat oder Strick-Jacquard, 40 cm x 140 cm (für alle Größen)
- Stoff 3: Sweat oder Strick-Jacquard, 55 cm x 140 cm (Größe 34–40) 60 cm x 140 cm (Größe 42–46)
- Rippjersey, 45 cm x 120 cm (für alle Größen)

Optionales Material

- Plot aus der Plotterserie zum Buch, siehe Seite 135

SCHNITTMUSTERBOGEN 1B

NAHTZUGABEN
Naht- und Saumzugaben sind nicht im Schnittmuster enthalten, siehe auch Seite 127.

ZUSCHNITT
Für das Colourblocking die Schnittmusterteile von Rückenteil, Vorderteil und Ärmel an den dafür vorgesehenen Stellen zerteilen.

Stoff 1

- Oberes Vorderteil 1x im Stoffbruch
- Oberes Rückenteil 1x im Stoffbruch
- Oberes Ärmelteil 2x (1x gegengleich)

Stoff 2

- Mittleres Vorderteil 1x im Stoffbruch
- Mittleres Rückenteil 1x im Stoffbruch
- Mittleres Ärmelteil 2x (1x gegengleich)

Stoff 3

- Unteres Vorderteil 1x im Stoffbruch
- Unteres Rückenteil 1x im Stoffbruch
- Unteres Ärmelteil 2x (1x gegengleich)

Rippjersey

- Ärmelbündchen 2x im Stoffbruch
- Halsbündchen 1x im Stoffbruch
- Saumbündchen 1x im Stoffbruch

love

ANLEITUNG

Möchtest du, wie in diesem Beispiel gezeigt, ein Plottermotiv anbringen, so achte bei der Platzierung darauf, dass die Nahtzugaben jeweils am Rand noch vernäht werden und das Motiv hier genügend Abstand haben sollte.

1 Die drei Teile des Vorderteils rechts auf rechts an den Trennlinien wieder zusammenstecken und mit einem elastischen Stich zusammennähen. Die Nahtzugaben in eine Richtung bügeln und die Naht von rechts schmalkantig absteppen. Ebenso das Rückenteil und die Ärmel arbeiten.

2 Vorder- und Rückenteil rechts auf rechts aufeinanderlegen und an beiden Schultern und beiden Seiten zusammennähen.

3 Den Ärmel rechts auf rechts zusammenlegen und die Ärmelnaht schließen.

4 Den Ärmel rechts auf rechts in das Armloch stecken, sodass Seiten- und Ärmelnaht sowie die entsprechenden Knipse von Ärmel und Armloch jeweils aufeinandertreffen. Den Ärmel annähen und die Arbeitsschritte für den zweiten Ärmel wiederholen.

5 Beide Ärmelbündchen, Hals- sowie Saumbündchen, wie in der Grundanleitung auf Seite 128 und 129 beschrieben, an die Ärmel, den Saum und den Halsausschnitt nähen.

1
3
2
4
5
love

MAVIS PIECES

Carina hat sich für Rosé und Grau entschieden und kombiniert zu ihrem Sweater die Pants von Seite 66.

NINA NÄHT

Mit Blümchendesign und soften Farben wirkt Ninas Sweater mädchenhaft und romantisch.

SEWED SINS

Animalprint mit passenden Unis – was für eine coole Kombination!

BUNTGEKLECKST

Auch in Pastellfarben wirkt der Sweater toll. Eileen hat sich dazu eine passende Beanie (Seite 102) genäht.

SCHERE, NADEL UND STOFF

Rot, Blau und Weiß ergeben einen frischen Look. Die Pants (Seite 66) ist die perfekte Ergänzung.

DESIGN BEISPIELE MEINES PROBE NÄHTEAMS

TOUGH COOKIE

Tanjas Sweater in Grün und Rot mit Zierborte wirkt wie ein Teil vom Edel-Designer.

LILLIJUL

Die Kombination von Blau und Gelb wirkt immer frisch. Esther hat sich passend zum Sweater Leggings (Seite 72) und Beanie (Seite 102) genäht.

ZORNRÖSCHENS NÄHWELT

Die gedeckten Farben von Geraldines Sweater wirken schick und edel. Zusammen mit der Pants (Seite 66) und Pumps eine tolle Kombination.

SABSES WELT

Sabrinas Sweater in zurückhaltenden Farben lässt sich perfekt mit einem längeren Rock und Pumps stylen.

NADELBUNT

Nadine hat Grau, Rot und Schwarz gewählt und einen passenden Rock (Seite 90) genäht.

PETITES CHIPIES

Christina hat sich für nur zwei Farbblöcke entschieden und kombiniert einen zarten Tüllrock zum Sweater.

SCHWIERIGKEITSGRAD 1

GRÖSSE
34–46

MATERIAL

- Stoff 1: Sweat oder Strick-Jacquard, 140 cm x 140 cm (Größe 34–40) 160 cm x 140 cm (Größe 42–46)
- Rippjersey, 10 cm x 70 cm (für alle Größen)

Optionales Material

- Plot aus der Plotterserie zum Buch, siehe Seite 135

SCHNITTMUSTERBOGEN 2B

NAHTZUGABEN
Naht- und Saumzugaben sind nicht im Schnittmuster enthalten, siehe auch Seite 127.

ZUSCHNITT

Stoff 1

- Vorderteil 1x im Stoffbruch
- Rückenteil 1x im Stoffbruch
- Ärmel 2x (1x gegengleich)
- Seitenteil 2x (1x gegengleich)

Rippjersey

- Halsbündchen 1x im Stoffbruch

DER RAGLAN SWEATER

STYLEGUIDE

OVERSIZE ist ein Muss für Looks im Athleisure-Style. Der **SWEATER** mit überlangen Raglanärmeln ist großzügig geschnitten und passt am besten zu schmalen Hosen und Röcken.

Durch auffälligen **SCHMUCK**, eine glänzend beschichtete **SKINNY JEANS** und hohe **PUMPS** entsteht ein aufregender Stilbruch.

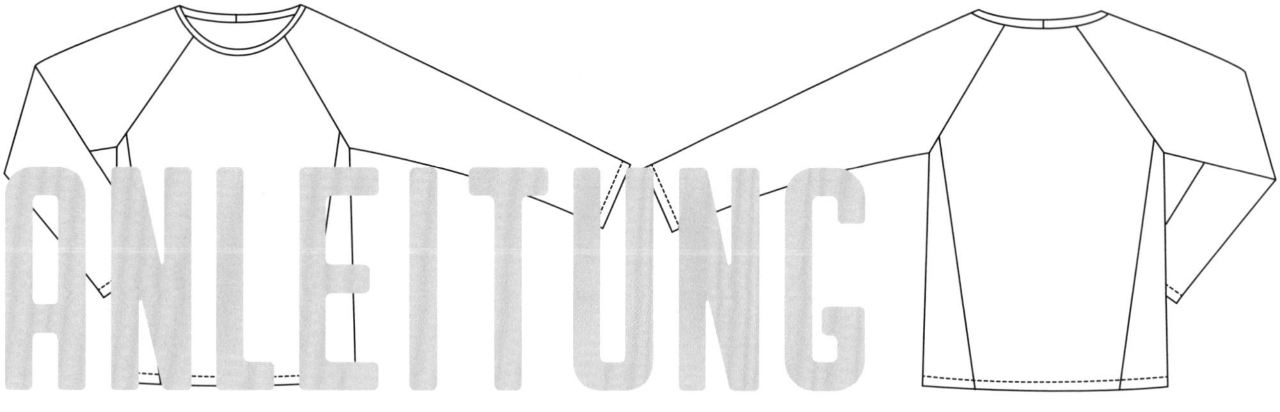

ANLEITUNG

1 Die beiden Seitenteile jeweils rechts auf rechts an die passende Seite des Vorderteils stecken und annähen. Nahtzugaben jeweils zu einer Seite bügeln und von rechts schmalkantig absteppen.

2 Die noch offenen Kanten der beiden Seitenteile jeweils rechts auf rechts am Rückenteil feststecken und die Teile zusammennähen.

3 Den ersten Ärmel rechts auf rechts zusammenlegen und die Ärmelnaht schließen.

4 Den Ärmel rechts auf rechts in das Armloch stecken, sodass die Ärmelnaht auf die mittlere Markierung des Seitenteils sowie die entsprechenden Knipse von Ärmel und Armloch jeweils aufeinandertreffen. Den Ärmel annähen und die Arbeitsschritte für den zweiten Ärmel wiederholen.

5 Das Halsbündchen, wie in der Grundanleitung auf Seite 129 beschrieben, arbeiten und an den Halsausschnitt nähen.

6 Ärmel- und Pulloversaum, wie in der Grundanleitung auf Seite 128 und 129 beschrieben, säumen.

TIPP Optional können die Säume auch offen gelassen werden. Je nach Material können sie so etwas fransen oder sich nach oben rollen und ergeben einen gewollten Used-Look.

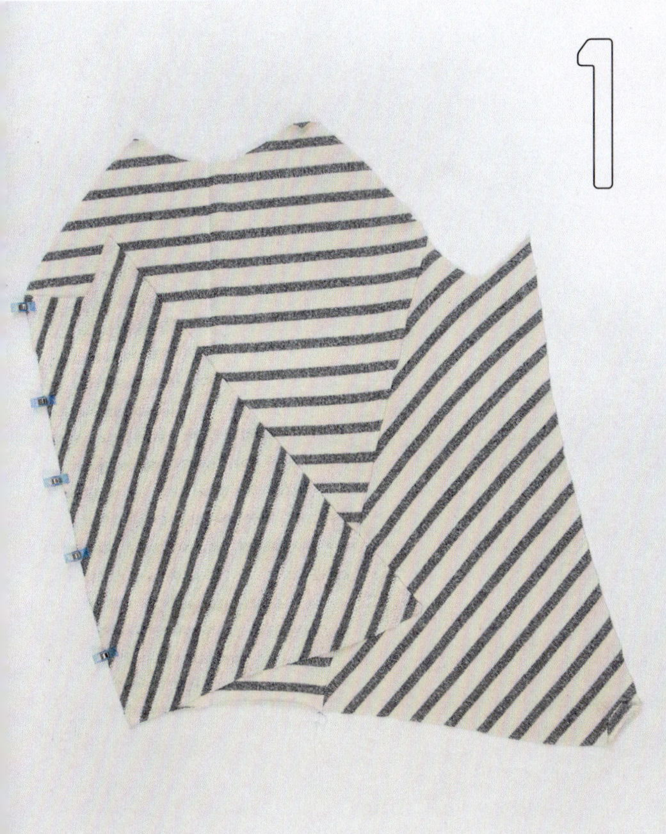
1

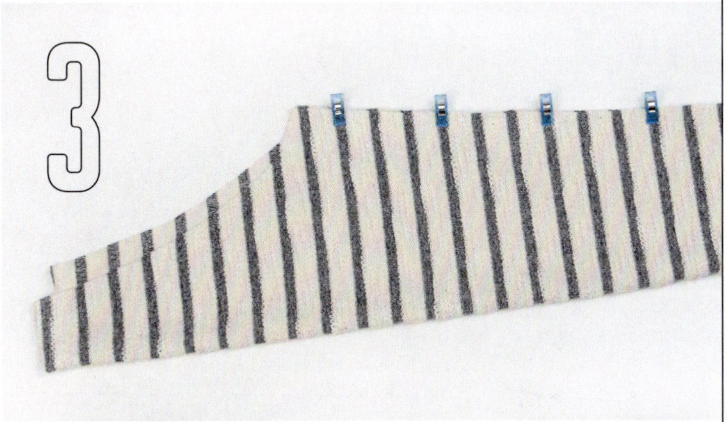
3

4

2

5

6

FROLLEIN SCHWEIGER

Ein Raglansweater in einem dezenten Ton lässt sich vielseitig kombinieren. Hier mit Leggings (Seite 72) im Batik-Look und Pumps.

ZORNRÖSCHENS NÄHWELT

Die weite Form des Sweaters harmoniert perfekt mit schmalen Unterteilen.

EM&MO

Julia kombiniert ihren Sweater aus dreierlei Stoffen mit einer schmalen Jeans und farblich perfekt passenden Booties.

MAVIS PIECES

Ein großer Plot ist perfekt, um einen Sweater in dezenten Farben zu einem Hingucker zu machen.

DESIGNBEISPIELE MEINES PROBENÄHTEAMS

DESIGN BEISPIELE MEINES PROBE NÄHTEAMS

INSELNAHT

Claudias Raglansweater in zartem Mint besticht durch den interessanten Materialmix.

BLÜMCHEN'S EULENWERKSTATT

Mit einem gestreiften Stoff lassen sich spannende Effekt erzielen.

NADELBUNT

Nadine hat sich ein schickes Ensemble aus Sweater und Wrap Skirt (Seite 84) genäht.

ZORNRÖSCHENS NÄHWELT

Ganz schlicht in Grau ist der Sweater ein vielseitiger Kombipartner für verschiedene Looks.

SABSES WELT

Sabrina hat den Sweater aus einem edlen Design genäht und trägt ihn mit Culotte (Seite 78), Pumps und Beanie (Seite 102).

DAS BASIC SHIRT

STYLEGUIDE

Ein schlichtes, klassisches **SHIRT** mit langen und kurzen Ärmeln darf in keinem Kleiderschrank fehlen. Es bildet die **BASIS** für viele sportliche Looks und kann auf ganz viele unterschiedliche Arten interpretiert werden.

In einem edlen Grünton mit metallischem Plot ergänzt es den **WRAP SHIRT** wunderbar. Derbe **BOOTS** mit Strass und Perlen sowie eine auffällige **HANDTASCHE** runden den Look ab.

SCHWIERIGKEITSGRAD 1

GRÖSSE
34–46

MATERIAL

- Stoff 1: Singlejersey,
  120 cm x 140 cm (Größe 34–40)
  140 cm x 140 cm (Größe 42–46)

Optionales Material

- Plot aus der Plotterserie zum Buch, siehe Seite 135

SCHNITTMUSTERBOGEN 1B

NAHTZUGABEN
Naht- und Saumzugaben sind nicht im Schnittmuster enthalten, siehe auch Seite 127.

ZUSCHNITT

Stoff 1

- Vorderteil 1x im Stoffbruch
- Rückenteil 1x im Stoffbruch
- Ärmel 2x (1x gegengleich)
- Halsbündchen 1x im Stoffbruch

HINWEIS: Eine Variante des Shirts mit langen Ärmeln findest du auf Seite 110.

ANLEITUNG

Falls gewünscht, je ein Plotter-Motiv mittig auf das Vorderteil bügeln. Berücksichtige bei der Platzierung, dass die Nahtzugaben jeweils am Rand noch vernäht werden und das Motiv hier genügend Abstand haben sollte.

1 Vorder- und Rückenteil rechts auf rechts aufeinanderlegen und an beiden Schultern und beiden Seiten zusammennähen.

2 Den ersten Ärmel rechts auf rechts zusammenlegen und die Ärmelnaht schließen.

3 Den Ärmel rechts auf rechts in das Armloch stecken, sodass Seiten- und Ärmelnaht sowie die entsprechenden Knipse von Ärmel und Armloch jeweils aufeinandertreffen. Den Ärmel annähen und die Arbeitsschritte für den zweiten Ärmel wiederholen.

4 Halsbündchen, wie in der Grundanleitung auf Seite 129 beschrieben, arbeiten und an den Halsausschnitt nähen.

5 Ärmel und Saum, wie in der Grundanleitung auf Seite 130 beschrieben, einfach säumen.

1

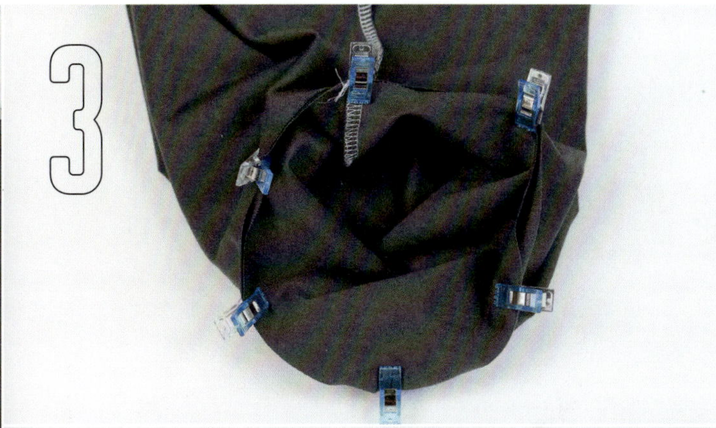
3

4

2

5

DESIGN BEISPIELE MEINES PROBE NÄHTEAMS

MILEO.ME NÄHLIEBE

Ein Ringelshirt mit langen Ärmeln ist der ideale Kombipartner für viele Gelegenheiten. Die Pants (Seite 66), gekürzt auf ¾-Länge, passen perfekt dazu.

INSELNAHT

Schlicht, dezent, edel – so lässt sich Claudias Kombination aus Shirt und Pants (Seite 66) beschreiben.

SABSES WELT

Punkte stimmen fröhlich und passen toll zur Pants (Seite 66), verziert mit Galonstreifen an den Seitennähten.

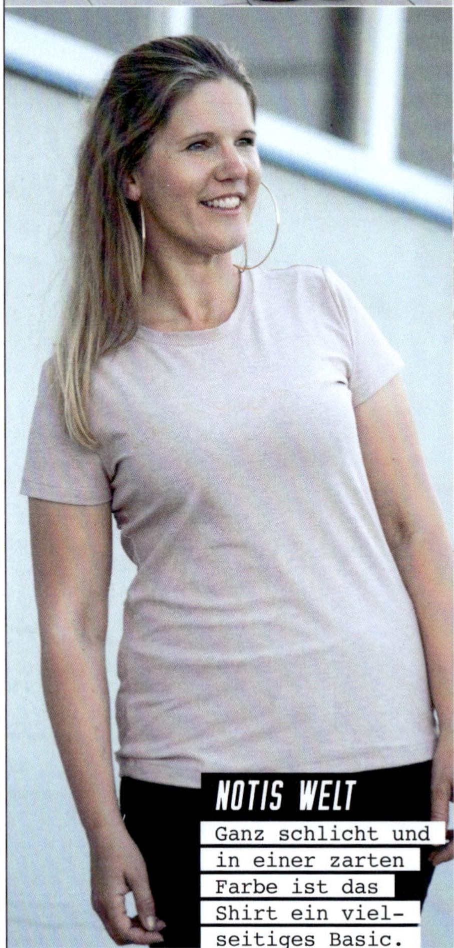

NOTIS WELT

Ganz schlicht und in einer zarten Farbe ist das Shirt ein vielseitiges Basic.

MISSY & MONSTER

Mit langen Ärmeln ist das Shirt ein vielseitiger Begleiter für kühle Tage. Hier mit Pants (Seite 66) und Beanie (Seite 102) kombiniert.

BUNTGEKLECKST

Ein geringeltes Shirt lässt sich extrem vielseitig kombinieren. Eileen trägt es zu einem Air Skirt (Seite 96) aus Plissee.

LITTLE MISS BEES

Anna hat ihr schlichtes Shirt mit einem filigranen Plot verziert.

SEWED SINS

Türkis und Statementplot – hier sind good vibes garantiert!

EM & MO

Eine absolut gelungene Kombination aus Shirt und Air Skirt (Seite 96) hat sich Julia genäht. Sogar die Boots passen perfekt!

HAPPINESS BY JR

Ein weißes Shirt darf in keinem Kleiderschrank fehlen. Janina hat ihr Basic mit einem Plot gepimpt.

ZAUBERELLA

Simone hat sich für ein großflächiges Design entschieden und darauf einen großen Plot angebracht. Cool zu Wrap Skirt (Seite 84), Beanie (Seite 102) und Sneakern.

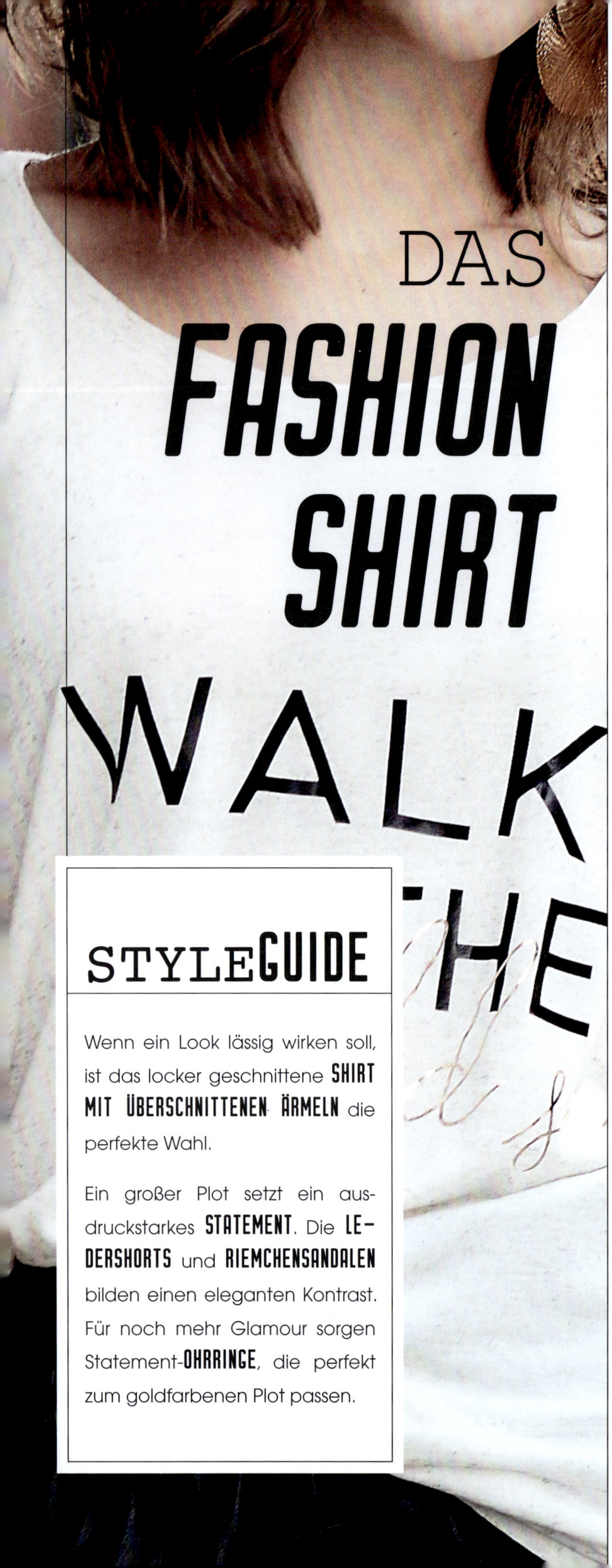

DAS FASHION SHIRT

STYLEGUIDE

Wenn ein Look lässig wirken soll, ist das locker geschnittene **SHIRT MIT ÜBERSCHNITTENEN ÄRMELN** die perfekte Wahl.

Ein großer Plot setzt ein ausdruckstarkes **STATEMENT**. Die **LEDERSHORTS** und **RIEMCHENSANDALEN** bilden einen eleganten Kontrast. Für noch mehr Glamour sorgen Statement-**OHRRINGE**, die perfekt zum goldfarbenen Plot passen.

SCHWIERIGKEITSGRAD 2

GRÖSSE
34–46

MATERIAL

- Stoff 1: Singlejersey,
  80 cm x 140 cm (Größe 34–40)
  90 cm x 140 cm (Größe 42–46)

Optionales Material

- Plot aus der Plotterserie zum Buch, siehe Seite 135

SCHNITTMUSTERBOGEN 2B

NAHTZUGABEN
Naht- und Saumzugaben sind nicht im Schnittmuster enthalten, siehe auch Seite 127.

ZUSCHNITT

Stoff 1

- Vorderteil 1x im Stoffbruch
- Rückenteil 1x im Stoffbruch
- Halsbündchen 1x im Stoffbruch

WALK
ON THE

ANLEITUNG

Falls gewünscht ein Plotter-Motiv auf das Vorderteil bügeln. Berücksichtige bei der Platzierung, dass die Nahtzugaben jeweils am Rand noch vernäht werden und das Motiv hier genügend Abstand haben sollte.

1 Vorder- und Rückenteil rechts auf rechts aufeinanderlegen und an beiden Schultern und beiden Seiten zusammennähen.

2 Halsbündchen, wie in der Grundanleitung auf Seite 129 beschrieben, arbeiten und an den Halsausschnitt nähen.

3 Ärmel und Shirt, wie in der Grundanleitung auf Seite 130 beschrieben, einfach säumen.

1

2

3

EM & MO

Das wilde Muster des Shirts passt perfekt zur maisgelben Leggings (Seite 72).

SEWED SINS

Zum Hingucker wird das schlicht geschnittene Shirt durch den auffälligen Animal-Print.

ALMA SIRO

Durch den silberfarbenen Plot wird das Shirt von Simone zu einem tollen Unikat, das perfekt zur Leggings (Seite 72) passt.

SEWING LOOKBOOK

Bei einem so auffälligen Stoff braucht es nicht viel Accessoires, um einen Look zu kreieren.

SCHERE, NADEL UND STOFF

Ganz sportlich stylt Sarah ihr graues Shirt mit großem „Love"-Plot und schwarzer Leggings (Seite 72).

DESIGN BEISPIELE MEINES PROBE NÄHTEAMS

DELISEWS
Richtig eingesetzt wirkt Leo-Look cool und lässig. Denise kombiniert einen schwarzen Wrap Skirt (Seite 84) zum Shirt.

NOTIS WELT
Streifen eignen sich perfekt für den Schnitt mit überschnittenen Ärmeln.

LÜTT TÜÜG
Das graue Shirt wird durch den dezenten rosa Plot zu einem ganz besonderen Teil für jeden Tag.

LILLIJUL
Ein Metallic-Plot macht aus dem Shirt ein auffälliges Statement-Piece. Perfekt dazu Beanie (Seite 102) und Pants (Seite 66).

MADE BY CHAOSWORLD
Der Schnitt eignet sich durch die überschnittenen Ärmel perfekt für Panels, die großen Prints kommen gut zur Geltung.

BUNT-GEKLECKST
Zusammen mit schwarzen Leggings (Seite 72), Pumps und einer Clutch stylt Eileen ein lässiges Ausgeh-Outfit.

DAS **SPORTS TOP**

STYLE**GUIDE**

Das sportliche Top ohne Ärmel ist ein perfekter **KOMBIPARTNER** für diverse Looks im Athleisure-Style.

In einer zarten Farbe und mit einem Plot in Roségold wirkt es richtig edel und passt perfekt zur locker sitzenden used **JEANS**. Farblich passende **SNEAKERS**, **SONNENBRILLE** und **UHR** machen das Styling komplett.

SCHWIERIGKEITSGRAD 1

GRÖSSE
34–46

MATERIAL
- Stoff 1: Singlejersey,
  70 cm x 140 cm (Größe 34–40)
  80 cm x 140 cm (Größe 42–46)

Optionales Material
- Plot aus der Plotterserie zum Buch, siehe Seite 135

SCHNITTMUSTERBOGEN 2B

NAHTZUGABEN
Naht- und Saumzugaben sind nicht im Schnittmuster enthalten, siehe auch Seite 127.

ZUSCHNITT

Stoff 1
- Vorderteil 1x im Stoffbruch
- Rückenteil 1x im Stoffbruch
- Halsbündchen 1x
- Armlochbündchen 2x

good vibes

ANLEITUNG

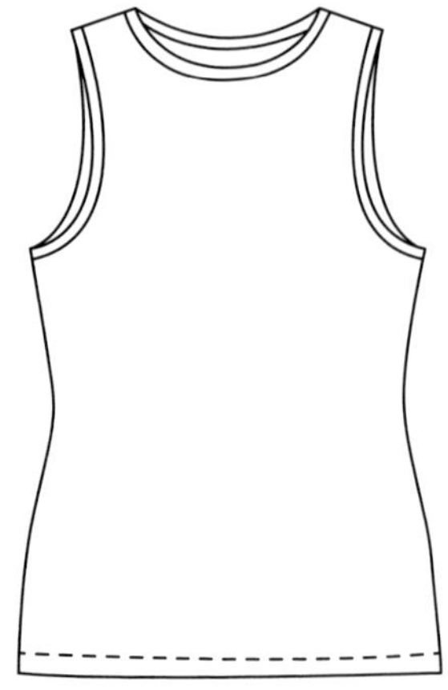

Falls gewünscht ein Plotter-Motiv auf das Vorderteil bügeln. Berücksichtige bei der Platzierung, dass die Nahtzugaben jeweils am Rand noch vernäht werden und das Motiv hier genügend Abstand haben sollte.

1 Vorder- und Rückenteil rechts auf rechts aufeinanderlegen, mit Clips oder Stecknadeln fixieren und an beiden Schultern zusammennähen.

2 Den Streifen für das Armlochbündchen links auf links zur Hälfte falten, sodass die Längskanten aufeinanderliegen, gleichmäßig gedehnt und mithilfe der Knipse an den Armausschnitt stecken und annähen. Die Nahtzugaben nach innen bügeln und schmalkantig absteppen. Den zweiten Armausschnitt genauso arbeiten.

3 Vorder- und Rückenteil rechts auf rechts an beiden Seiten zusammenstecken und -nähen.

4 In der Achsel auf beiden Seiten die überstehenden Fäden von Hand vernähen. Hierzu die Overlockraupe oder übrige Fäden mit einer Nadel auf der linken Seite in der Seitennaht vernähen und knapp abschneiden.

5 Halsbündchen, wie in der Grundanleitung auf Seite 129 beschrieben, arbeiten und an den Halsausschnitt nähen. Zum Schluss das Top, wie in der Grundanleitung auf Seite 130 beschrieben, einfach säumen.

1

3

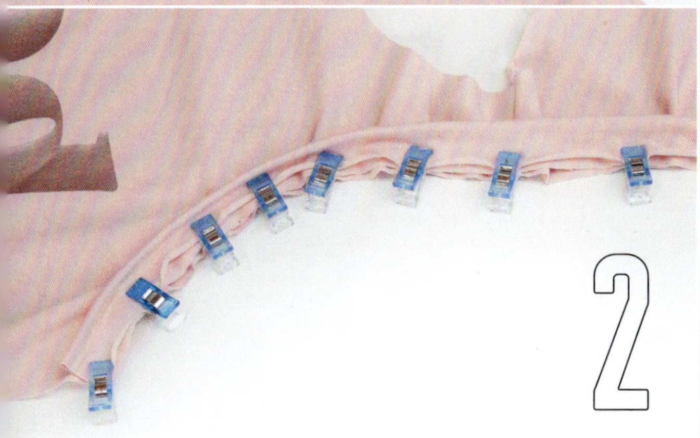
2

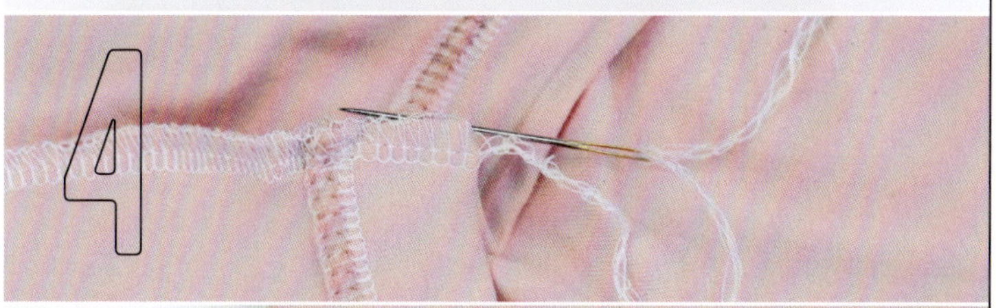
4

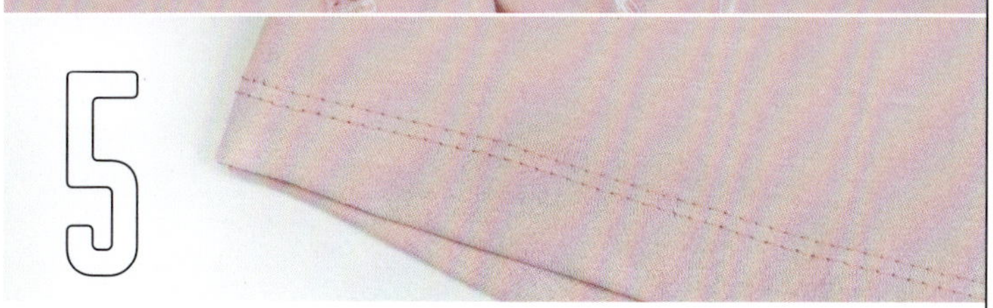
5

HIRSCHKAUZ/JOSIIS SWEETIES

Josefines schwarzes Top wirkt zusammen mit dem Air Skirt (Seite 96) schick und ausgehfein.

SCHERE, NADEL & STOFF

Blau und Rot sind ein tolles Team. Sarahs Outfit aus Top und Wrap Skirt (Seite 84) ist bis auf das Band mit Schriftzug am Saum ganz schlicht.

MILEO.ME NÄHLIEBE

Das Top mit Metallic-Plot, dazu ein Casual Skirt (Seite 90) und Schmuck – fertig ist ein schicker und bequemer Ausgeh-Look.

DELISEWS

Denise zeigt, dass das Top auch mit Babybauch tragbar ist und kombiniert es zum Air Skirt (Seite 96).

LÜTT TÜÜG

Dass das Top perfekt zur Culotte (Seite 78) passt, zeigt Simone mit ihrem Designbeispiel.

MAVIS PIECES

Wie ein Jumpsuit wirkt Carinas schicke schwarze Kombination aus Top und Culotte (Seite 78).

FROLLEIN SCHWEIGER

Ein goldfarbener Plot verleiht dem Top im Handumdrehen Wertigkeit und so lässt es sich super zum Air Skirt (Seite 96) stylen.

PETITES CHIPIES

Ihr schlichtes schwarzes Top kombiniert Christina zur auffälligen Pants (Seite 66) im Camouflage-Look.

EM & MO

Top und Air Skirt (Seite 96) wirken zusammen getragen fast wie ein schickes Kleid.

STICHTAG EULENKINDER

Veronika trägt ihr Top gerne im Fitnessstudio. Als Hingucker hat sie die Ränder in einer Kontrastfarbe eingefasst.

BLÜMCHEN'S EULENWERKSTATT

Breite Blockstreifen unterstreichen die sportliche Wirkung des Tops. Sabrina kombiniert es gerne zu Jeans.

DESIGN BEISPIELE MEINES PROBE NÄHTEAMS

DER BLAZER

SCHWIERIGKEITSGRAD 4

GRÖSSE
34-46

MATERIAL

- Wintersweat oder Strick-Jacquard, 150 cm x 140 cm (Größe 34-40) 170 cm x 140 cm (Größe 42-46)
- 3 Knöpfe
- Elastische Bügeleinlage zum Verstärken, 90 cm x 100 cm

Optionales Material

- Plot aus der Plotterserie zum Buch, siehe Seite 135
- Formband, max. 250 cm, je nachdem, wie viele Kanten stabilisiert werden

SCHNITTMUSTERBOGEN 1A + 1B

NAHTZUGABEN
Naht- und Saumzugaben sind nicht im Schnittmuster enthalten, siehe auch Seite 127.

ZUSCHNITT

Stoff

- Vorderteil 2x (1x gegengleich)
- Vorderes Seitenteil 2x (1x gegengleich)
- Rückenteil 2x (1x gegengleich)
- Hinteres Seitenteil 2x (1x gegengleich)
- Beleg Vorderteil 2x (1x gegengleich)
- Beleg Rückenteil 1x im Stoffbruch
- Oberärmel 2x (1x gegengleich)
- Unterärmel 2x (1x gegengleich)

Einlage
Die Einlage ohne Nahtzugabe zuschneiden.

- Vorderteil bis zur Linie „Einlage" 2x (1x gegengleich)
- Beleg Vorderteil 2x (1x gegengleich)
- Beleg Rückenteil 1x im Stoffbruch

STYLE**GUIDE**

Athleisure goes **BUSINESS**! Elastische Materialien sorgen dafür, dass sogar ein figurbetonter Rock und ein Blazer bequem sind. So bist du bürotauglich und zugleich lässig unterwegs.

Mit diesen Gegensätzen lässt sich spielen, indem sportliche **TURNSCHUHE** und eine elegante **TASCHE** dazu kombiniert werden. Perfekt dazu: ein schlichtes weißes **T-SHIRT**.

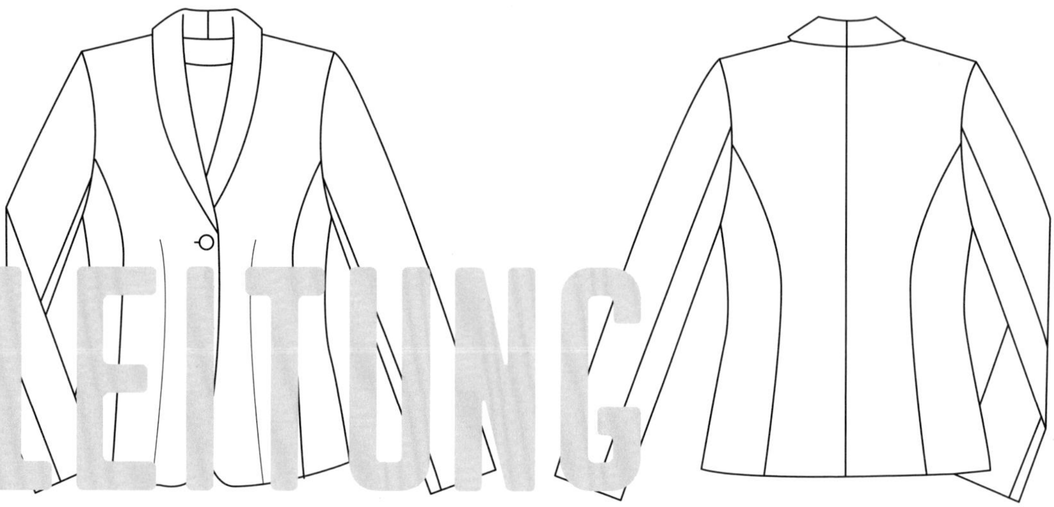

ANLEITUNG

Falls du einen Stoff verwendest, der versäubert werden muss, versäuberst du die Stoffkanten gemeinsam nach dem Zusammennähen, wenn die Nahtzugaben in eine Richtung gebügelt werden, und einzeln vor dem Zusammennähen, falls die Nahtzugaben auseinandergebügelt werden. Dies wird in der Anleitung nicht mehr extra erwähnt.

Damit – gerade bei elastischen Stoffen – Armlöcher, Halsausschnitt und Schultern beim Nähen nicht ausgedehnt werden, kannst du die Stoffkanten nach dem Zuschnitt auf der linken Seite mit Formband verstärken.

1 Den Ober- und Unterärmel für einen Ärmel an der äußeren Ärmelnaht (= längere Naht) rechts auf rechts aufeinanderstecken und zusammennähen. Nahtzugaben in den Oberärmel bügeln und die Naht von rechts mit der Zwillingsnadel oder der Coverlock schmalkantig absteppen.

2 Den Ober- und Unterärmel an der Innenarmnaht ebenfalls rechts auf rechts aufeinanderstecken und zusammennähen. Den einfachen Ärmelsaum, wie in der Grundanleitung auf Seite 128 und 129 beschrieben, arbeiten. Den zweiten Ärmel entsprechend arbeiten.

3 Die linken Seiten der Belegteile und die äußeren Hälften (Schalkragen und Knopfleiste) der Vorderteile mit der Bügeleinlage verstärken. Dadurch erhält der Schalkragen den nötigen Stand und die Knopfleiste die nötige Stabilität.

4 Das entsprechende hintere Seitenteil rechts auf rechts auf das passende Rückenteil stecken und die Teile zusammennähen. Die Nahtzugaben ins Rückenteil bügeln und die Naht von rechts mit der Zwillingsnadel oder der Coverlock schmalkantig absteppen. Das andere Seitenteil ebenso mit dem passenden Rückenteil zusammennähen.

5 Die beiden Rückenteile rechts auf rechts in der hinteren Mitte zusammenstecken und mit einem Geradstich zusammennähen. Die Nahtzugaben auseinanderbügeln und die Naht von rechts mit der Zwillingsnadel, der Coverlock oder mit dem normalen Geradstich links und rechts der Naht schmalkantig absteppen.

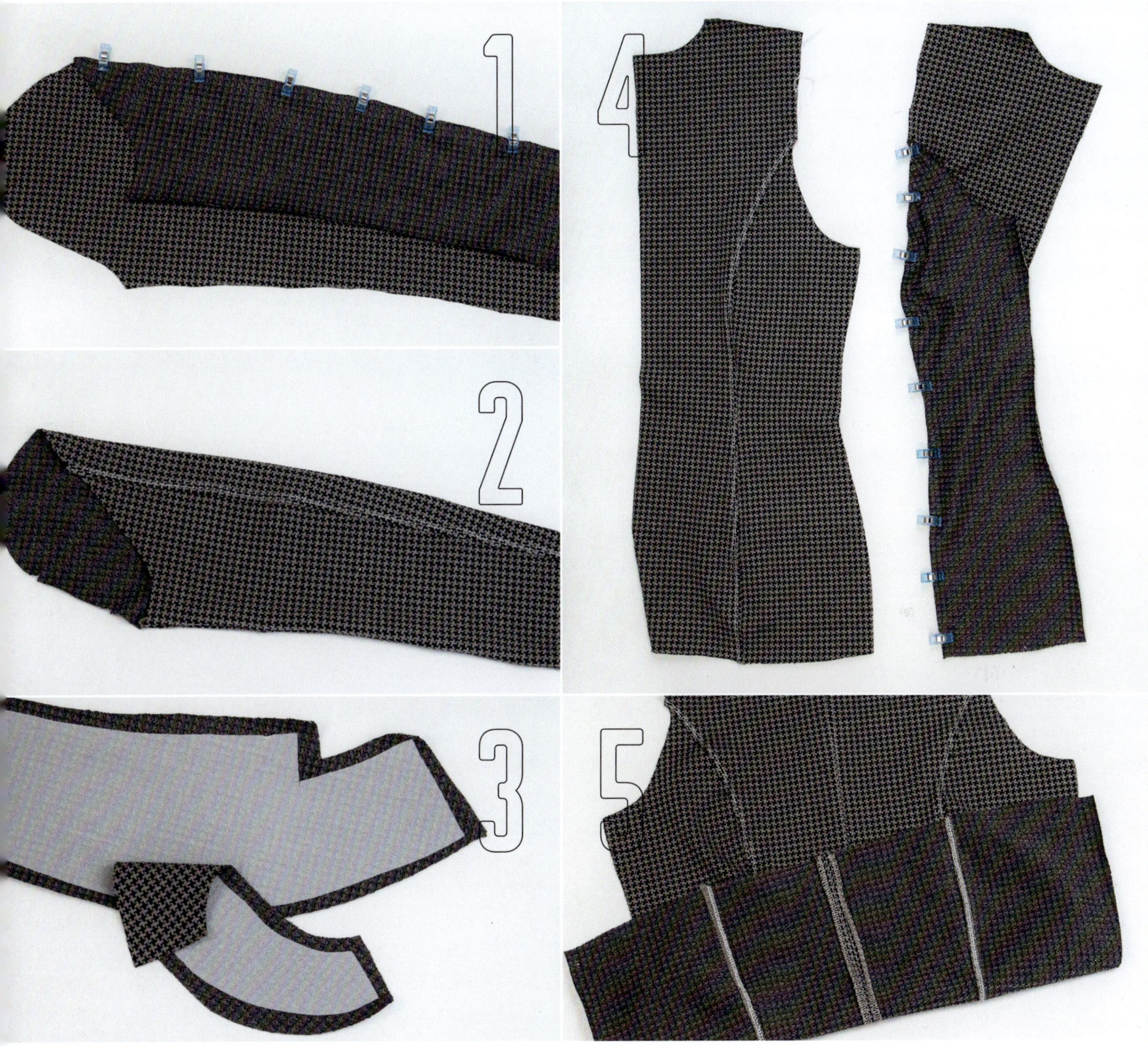
1
2
3
4
5

6 Das entsprechende vordere Seitenteil rechts auf rechts auf das passende Vorderteil stecken und zusammennähen. Die Nahtzugaben ins Vorderteil bügeln und von rechts mit der Zwillingsnadel oder der Coverlock schmalkantig absteppen. Das andere vordere Seitenteil ebenso mit dem passenden Vorderteil zusammennähen.

7 An den Vorderteilen die Abnäher schließen. Hierzu jeweils die beiden noch offenen Kanten der Abnäher rechts auf rechts aufeinanderlegen und bis zum Brustpunkt mit einem Geradstich zusammennähen, dabei den Abnäher an der Spitze schmal auslaufen lassen. Die Nahtzugaben der Abnäher auseinanderbügeln.

8 Vorderteile rechts auf rechts auf das Rückenteil legen und an den Schultern und Seiten zusammenstecken, an den Schultern ragt dabei das Rückenteil jeweils in Nahtzugabenbreite über den Schulterpunkt hinaus. Zuerst die Seiten, dann die Schultern bis zum Schulterpunkt zusammennähen. Wenn du die Bügeleinlage exakt aufgebügelt hast, ist an der Ecke der Bügeleinlage der Schulterpunkt. Zur Sicherheit kannst du ihn aber auch abmessen und mit einem Marker oder einer Stecknadel markieren.

9 Die beiden Teile des Schalkragens an den Vorderteilen in der hinteren Mitte rechts auf rechts zusammenstecken und mit einem Geradstich zusammennähen. Die Nahtzugaben auseinanderbügeln und die Naht von rechts mit der Zwillingsnadel, der Coverlock oder mit dem normalen Geradstich links und rechts der Naht schmalkantig absteppen.

10 Die Nahtzugabe am Schalkragen jeweils bis zum Schulterpunkt einschneiden und die hintere Mitte des Schalkragens recht auf rechts auf der hinteren Mitte des Rückenteils feststecken. Anschließend jeweils von der hinteren Mitte aus den Schalkragen bis zum rechten und dann bis zum linken Schulterpunkt an den Rückenausschnitt stecken.

11 Mit einem Geradstich den Schalkragen in der hinteren Mitte von Schulterpunkt zu Schulterpunkt annähen. Achte darauf, den Schulterpunkt an beiden Seiten exakt zu treffen. Die Nahtzugaben etwas zurückschneiden und auseinanderbügeln.

12 Den ersten Ärmel mithilfe der Knipse in das Armloch einsetzen, feststecken und ringsum annähen. Den zweiten Ärmel auf dieselbe Weise in das Armloch nähen.

13 Für den Beleg die beiden vorderen Belege an der hinteren Mitte rechts auf rechts aufeinanderstecken und mit einem Geradstich zusammennähen. Die Nahtzugaben auseinanderbügeln und die Naht von rechts mit der Zwillingsnadel, der Coverlock oder mit dem normalen Geradstich links und rechts der Naht schmalkantig absteppen.

14 Den hinteren Beleg rechts auf rechts an die vorderen Belege stecken und von Schulterpunkt über die hintere Mitte bis zum Schulterpunkt mit einem Geradstich annähen. Wenn du die Bügeleinlage exakt aufgebügelt hast, ist in der Ecke der Schulterpunkt. Zur Sicherheit kannst du ihn aber auch abmessen und mit einem Marker oder einer Stecknadel markieren.

8

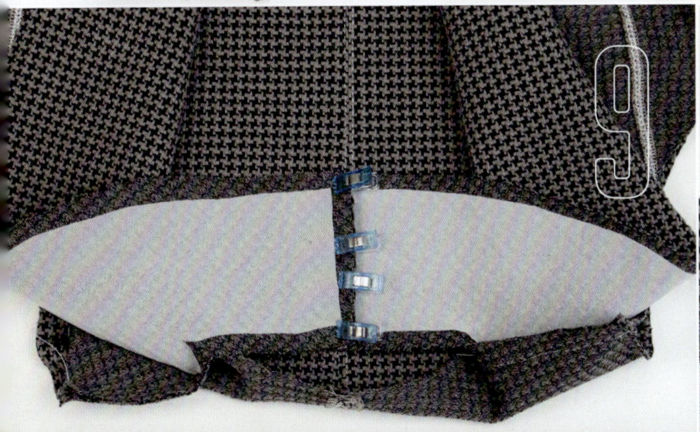
9

10

11

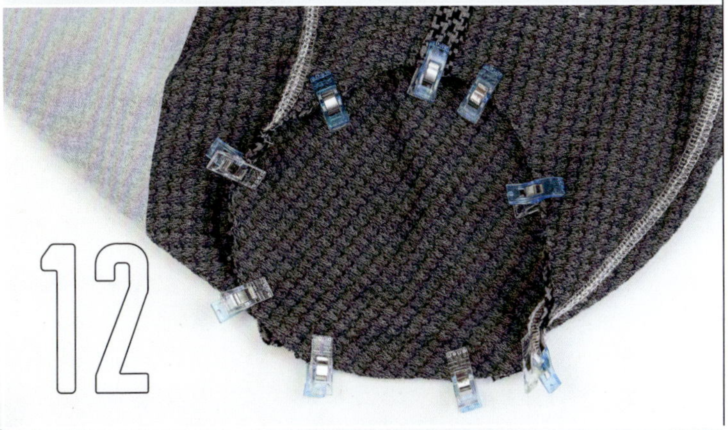
12

13

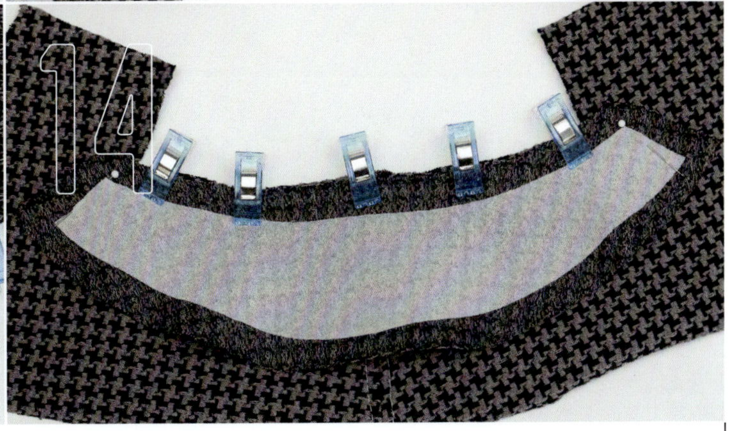
14

15 Die Nahtzugabe an den vorderen Belegen an beiden Seiten bis kurz vor den Schulterpunkt einschneiden und anschließend die Schultern aufeinander feststecken und mit einem Geradstich zusammennähen. Die Nahtzugaben etwas zurückschneiden und auseinanderbügeln.

16 Den kompletten Beleg rechts auf rechts auf die vordere Kante des Blazers stecken und von Saumkante zu Saumkante in einem Rutsch zusammennähen.

17 Den Beleg verstürzen, also auf rechts wenden. Dabei die Kanten gut ausformen und darauf achten, dass die Schulterpunkte, die hintere Mitte etc. von Beleg und Blazer exakt aufeinandertreffen. Mit ein paar Stecknadeln gut fixieren. Den Schalkragen bügeln. Hier merkst du jetzt, dass der Beleg vom Schalkragen etwas breiter ist, sodass du die Naht am Kragen so bügeln kannst, dass sie nicht genau an der Kante liegt, sondern etwas nach innen verschoben und so nach dem Umschlagen des Kragens nicht mehr zu sehen ist. An den vorderen Kanten unterhalb des Kragens verschiebst du die Naht genau in die andere Richtung, sodass sie auch hier von außen nicht zu sehen ist.

18 Den Beleg von innen mit Handstichen fixieren, sodass nichts mehr verrutschen kann. Die untere Saumzugabe nach links umbügeln und einen einfachen Saum arbeiten, wie in der Grundanleitung auf Seite 128 und 129 beschrieben. Gleichzeitig mit dem Nähen des Saums auch die vorderen Kanten und den Schalkragen schmalkantig absteppen.

19 Die Knopflöcher, wie auf dem Schnittteil des Vorderteils angezeichnet, auf den Blazer übertragen und je nach Knopfwahl entsprechend große Knopflöcher in den Blazer nähen. Ein paar Tipps für Knopflöcher und Knöpfe findest du in der Grundanleitung ab Seite 134.

VARIANTE

Ganz schlicht aus weißem Wintersweat genäht und mit passenden weißen Knöpfen versehen lässt sich der Blazer vielseitig im Athleisure-Look stylen.

MES PETITES CREATIONS JUEL

Ein Streifenblazer ist ein cooles Statement. Ihn mit einem Blümchenshirt zu kombinieren, ist ein toller Stilbruch.

BLÜMCHEN'S EULENWERKSTATT

Ein mintfarbener Blazer ist der perfekte Begleiter für die warme Jahreszeit. Sabrina kombiniert ihn zu Jeans und Shirt.

LITTLE MISS BEES

Ein roter Blazer ist ein absoluter Hingucker, der jedes Outfit zum Strahlen bringt.

INSELNAHT

Ganz in Grau ist der Blazer ein unschlagbares Basic, das sich unglaublich vielseitig einsetzen lässt.

LÜTT TÜÜG

Simone zeigt, dass der Blazer super zu Shirt (Seite 38), Pants (Seite 66) und Beanie (Seite 102) passt. Sie hat Druckknöpfe und auf der Innenseite ein Streifenband angebracht.

DESIGN BEISPIELE MEINES PROBE NÄHTEAMS

SEWED SINS

Das Shirt (Seite 40) mit Plot und der Blazer sind ein Dreamteam.

DELISEWS

Denise kombiniert ihren Blazer ganz rockig mit schwarzem Shirt (Seite 40), Air Skirt (Seite 96) und Beanie (Seite 102).

SABSES WELT

Sabrina trägt hier über ihrem Shirt von Seite 42 den Blazer.

BUNTGEKLECKST

Eileen hat sich eine coole Kombination aus Blazer, Shirt (Seite 38), Pants (Seite 66) und Beanie (Seite 102) genäht.

ZORNRÖSCHENS NÄHWELT

Die Kombination aus Blazer und Leggings (Seite 72) wirkt fast wie ein Hosenanzug. Perfekt dazu sind die schicken Pumps.

SCHERE, NADEL UND STOFF

Wie ein Hosenanzug wirkt das Outfit von Sarah aus Shirt (Seite 38), Pants (Seite 66) und Blazer.

DIE PANTS

SCHWIERIGKEITSGRAD 2

GRÖSSE
34-46

MATERIAL

- Stoff 1: Sweat oder Strick-Jacquard, 130 cm x 140 cm (Größe 34-40) 150 cm x 140 cm (Größe 42-46)
- Rippjersey, 25 cm x 70 cm (für alle Größen)
- Gummiband, 4 cm breit, 80 cm (Größe 34-40) 90 cm (Größe 42-46)
- Formband, 90 cm

SCHNITTMUSTERBOGEN 2A

NAHTZUGABEN
Naht- und Saumzugaben sind nicht im Schnittmuster enthalten, siehe auch Seite 127.

ZUSCHNITT

Stoff 1

- Vorderes Hosenbein 2x (1x gegengleich)
- Hinteres Hosenbein 2x (1x gegengleich)
- Passe hinten 2x (1x gegengleich)
- Vorderer Taschenbeutel 2x (1x gegengleich)
- Hinterer Taschenbeutel 2x (1x gegengleich)

Rippjersey

- Fußbündchen 2x im Stoffbruch
- Saumbündchen 1x im Stoffbruch

Gummiband

- 71 cm (Größe 34)
  73 cm (Größe 36)
  75 cm (Größe 38)
  78 cm (Größe 40)
  80 cm (Größe 42)
  84 cm (Größe 44)
  88 cm (Größe 46)

HINWEIS: Auf Seite 110 findest du eine Variante der Pants.

STYLEGUIDE

Beim Thema Jogginghosen denkt man gleich an den Ausspruch von Karl Lagerfeld „Wer eine Jogginghose trägt, hat die Kontrolle über sein Leben verloren".

Wir meinen, dass der Modezar hier ausnahmsweise falsch lag. Denn Jogginghosen lassen sich durchaus schick stylen. Mit **BLAZER**, auffälligem **SCHMUCK** und **PUMPS** kombiniert sind sie DAS **MUST-HAVE** für den Athleisure-Look.

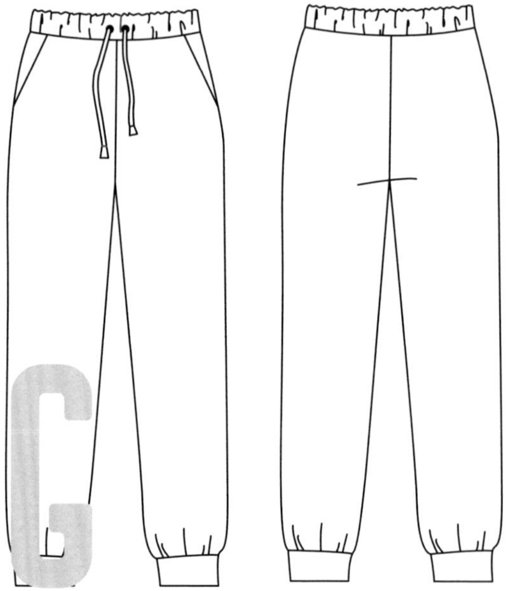

ANLEITUNG

1 Die unteren Kanten der Passenteile auf der linken Stoffseite jeweils mit Formband verstärken.

2 Die Taschen an die beiden vorderen Hosenbeine nähen, wie in der Grundanleitung Seite 132 beschrieben.

3 Die Passenteile jeweils rechts auf rechts an das entsprechende hintere Hosenbein stecken.

4 Die Passenteile jeweils annähen. Die Nahtzugaben nach oben bügeln und von rechts schmalkantig absteppen.

5 Rechtes vorderes Hosenbein und rechtes hinteres Hosenbein rechts auf rechts aufeinanderlegen und die innere sowie die äußere Hosenbeinnaht schließen. Die Arbeitsschritte für das zweite Hosenbein wiederholen.

6 Beide Hosenbeine rechts auf rechts ineinanderschieben und die Schrittnaht zusammenstecken und -nähen. Achte darauf, dass die Innenbeinnähte exakt aufeinanderliegen!

7 Die Beinbündchen, wie in der Grundanleitung auf Seite 128 beschrieben, an die Hosenbeine nähen.

8 Das Saumbündchen mit Gummiband, wie in der Grundanleitung auf Seite 128 und 129 beschrieben, an den Bund der Hose nähen.

1
5
2
6
3
7
4
8

MISSY & MONSTER

Edles Weinrot und Galonstreifen lassen die Hose schick wirken. Verstärkt wird der Eindruck durch das Shirt (Seite 44) mit glänzendem Plot.

NADELBUNT

Hier bringen seitliche Streifen den besonderen Effekt. Das Shirt (Seite 46) aus edlem Stoff und Pumps runden das Outfit ab.

MAVIS PIECES

Der elegante Olivton wirkt durch die goldene Kordel gleich noch edler. Das Shirt (Seite 38) mit goldenem Plot verstärkt diesen Eindruck noch.

DESIGN BEISPIELE MEINES PROBE NÄHTEAMS

MILEO.ME NÄHLIEBE

Ninas dunkelblaue Hose harmoniert wunderbar mit dem Shirt (Seite 44) und weißen Sneakern.

ANJA SASSMANNSHAUSEN

Mit einem auffälligen Stoff werden die Pants zu einem Hingucker. Das Shirt (Seite 46) passt perfekt dazu.

EM&MO
Der Stoff mit Metalliceffekt macht aus der Hose ein echtes Glamourteil. Das Shirt (Seite 38) ist die perfekte Ergänzung.

HAPPINESS BY JR
Die ganz schlichte Pants von Janina wirkt mit einem Shirt (Seite 46) aus glänzendem Jersey und Pumps lässig und elegant.

PETITES CHIPIES
Dass Camouflage auch schick wirken kann, zeigt Christina. Sie trägt zur Hose das Sports Top (Seite 50) und schwarze Peeptoes.

BUNT-GEKLECKST
Eileen hat zur Hose den passenden Blazer (Seite 56) genäht und kombiniert dazu Shirt (Seite 38) und Beanie (Seite 102).

LITTLE MISS BEES
Ohne Bündchen aber mit Galonstreifen und eingezogenem Satinband ist die rote Hose ein absoluter Hingucker.

RODIAMANTEN
Rotraut hat auf der Seitennaht Galonstreifen aufgenäht und kombiniert die Pants lässig mit Shirt (Seite 46) und Sneakern.

DIE HIGH WAIST LEGGINGS

STYLEGUIDE

LEGGINGS haben den Sprung raus aus den Sportstudios und rein in die Modewelt geschafft. Zum Glück, denn sie sind unglaublich bequem und bieten so viele **STYLINGMÖGLICHKEITEN**!

Zusammen mit einem **SPITZENTOP**, einem weiten **GROBSTRICKPULLOVER**, großen **OHRRINGEN** und derben **BOOTS** sind sie ein perfektes Beispiel für den Athleisure-Look.

SCHWIERIGKEITSGRAD 2

GRÖSSE
34–46

MATERIAL

- Stoff 1: Lederjersey, 100 cm x 140 cm (für alle Größen)
- Gummiband, 7–8 cm breit, in der Länge des Taillenumfangs

SCHNITTMUSTERBOGEN 2B

NAHTZUGABEN
Naht- und Saumzugaben sind nicht im Schnittmuster enthalten, siehe auch Seite 127.

ZUSCHNITT

Stoff 1

- Vorderes Hosenbein 2x (1x gegengleich)
- Hinteres Hosenbein 2x (1x gegengleich)
- Saumbündchen 1x im Stoffbruch

HINWEIS: Auf Seite 111 findest du eine Variante der Leggings.

ANLEITUNG

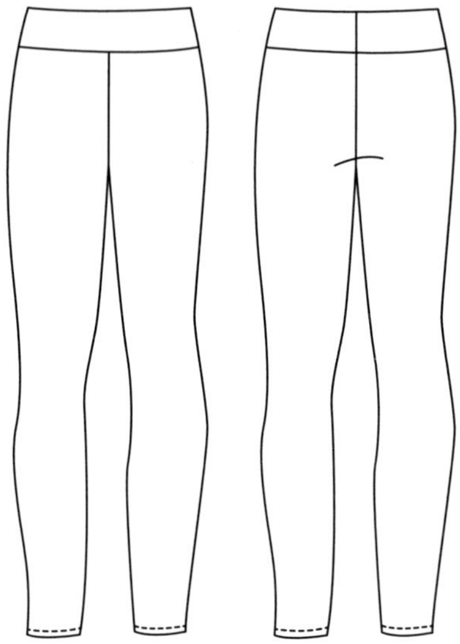

1 Rechtes vorderes Hosenbein und rechtes hinteres Hosenbein rechts auf rechts aufeinanderlegen und die innere wie äußere Hosenbeinnaht schließen. Arbeitsschritte für das zweite Hosenbein wiederholen.

2 Beide Hosenbeine rechts auf rechts ineinanderschieben und die Schrittnaht zusammenstecken und -nähen. Achte darauf, dass die Innenbeinnähte exakt aufeinanderliegen!

3 Die Säume an den Hosenbeinen, wie in der Grundanleitung auf Seite 128 und 129 beschrieben, als einfache Säume arbeiten.

4 Das Saumbündchen mit Gummiband, wie in der Grundanleitung auf Seite 128 und 129 beschrieben, an den Bund der Hose nähen.

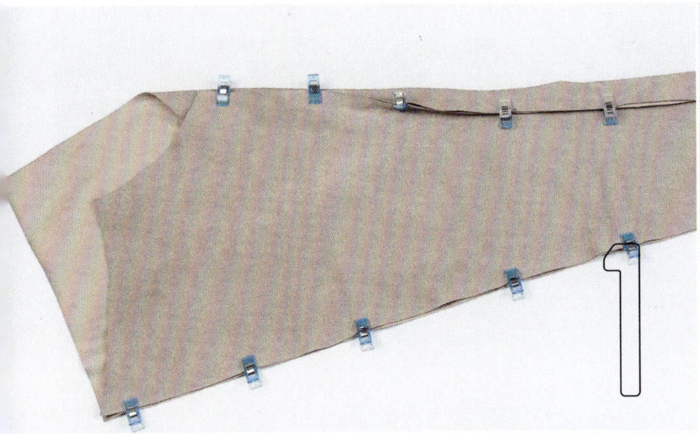

1

2

3

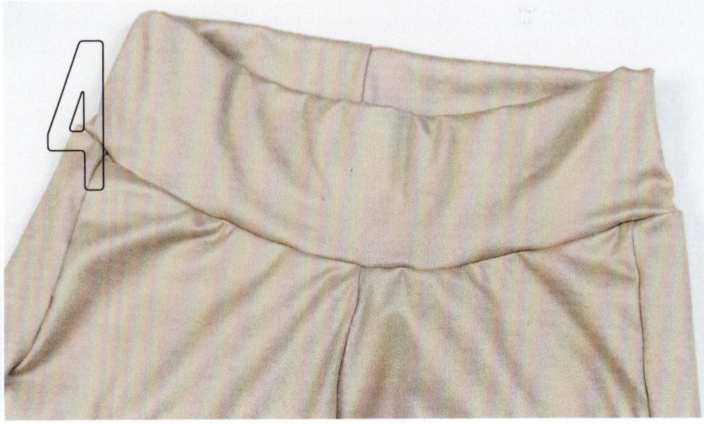

4

MILEO.ME NÄHLIEBE

Das Leo-Hoodiekleid (Seite 18), graue Leggings und Sneakers ergeben zusammen ein stimmiges Outfit.

NOTIS WELT

Super bequem ist die Kombination aus Leggings mit einem gemütlichen Hoodie (Seite 12).

ZORNRÖSCHENS NÄHWELT

Leggings und Blazer (Seite 56) ergeben zusammen ein lässiges Business-Outfit.

SEWING LOOKBOOK

Die Leggings im angesagten Leder-Look kombiniert Patricia mit ihrem bordeauxfarbenen Hoodie.

ALMASIRO

Das Outfit mit schwarzer Leggings, Shirt (Seite 44) und Sneakern wirkt sportlich und elegant zugleich.

BUNT-GEKLECKST

Das ideale Alltagsstyling: schwarze Hose mit Shirt (Seite 44) und Beanie (Seite 102).

DELISEWS

Denises Outfit ganz in Schwarz wirkt cool und lässig. Sie kombiniert das Sports-Top (Seite 50) und Ankle Boots zur Leggings.

LILLIJUL

Ganz lässig wirkt die graue Leggings mit einem Shirt (Seite 40) mit Plott, Beanie (Seite 102) und Sneakern.

SCHERE, NADEL UND STOFF

Sarah kombiniert ihre Leggings lässig zum Hoodie (Seite 12) und Sneakern.

MISSY & MONSTER

Mit High Heels, Hoodie (Seite 12) und Leggings super gekleidet.

STICHTAG EULENKINDER

Black and white – mit einem Metallic-Plot und Wedges ist der sportliche Alltags-Look perfekt.

DESIGN BEISPIELE MEINES PROBE NÄHTEAMS

DIE CULOTTE

STYLEGUIDE

Culottes haben sich inzwischen etabliert und finden immer mehr Fans. Die **WEITEN HOSEN** lassen sich vielseitig kombinieren. Schön dazu sind schmale **SHIRTS**, aber auch ein sportlicher **HOODIE** passt zur angesagten Hosenform.

Ein glänzendes **SATINBAND** verleiht diesem Modell eine elegante und glamouröse Note, die durch die eleganten **SCHUHE** und den **SCHMUCK** noch unterstrichen wird.

SCHWIERIGKEITSGRAD 2

GRÖSSE
34–46

MATERIAL

- Stoff 1: Sweat oder Strick-Jacquard,
  130 cm x 140 cm (Größe 34–40)
  190 cm x 140 cm (Größe 42–46)
- Gummiband, 4 cm breit,
  80 cm (Größe 34–40)
  90 cm (Größe 42–46)

SCHNITTMUSTERBOGEN 2A

NAHTZUGABEN
Naht- und Saumzugaben sind nicht im Schnittmuster enthalten, siehe auch Seite 127.

ZUSCHNITT

Stoff 1

- Vorderes Hosenbein 2x (1x gegengleich)
- Hinteres Hosenbein 2x (1x gegengleich)
- Vorderer Taschenbeutel 2x (1x gegengleich)
- Hinterer Taschenbeutel 2x (1x gegengleich)
- Gürtelschlaufen 1x
- Saumbündchen 1x im Stoffbruch

Gummiband

- 71 cm (Größe 34)
  73 cm (Größe 36)
  75 cm (Größe 38)
  78 cm (Größe 40)
  80 cm (Größe 42)
  84 cm (Größe 44)
  88 cm (Größe 46)

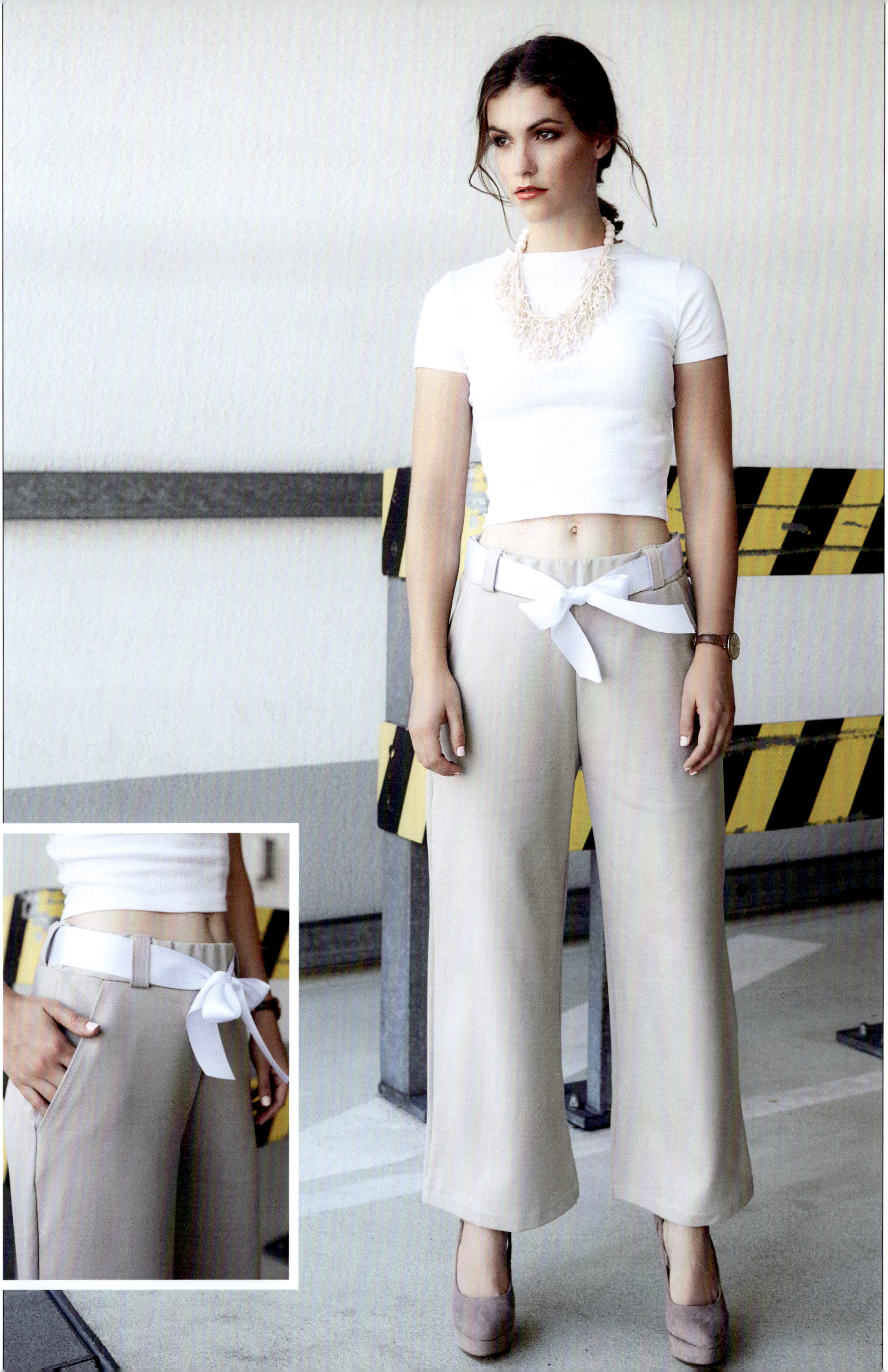

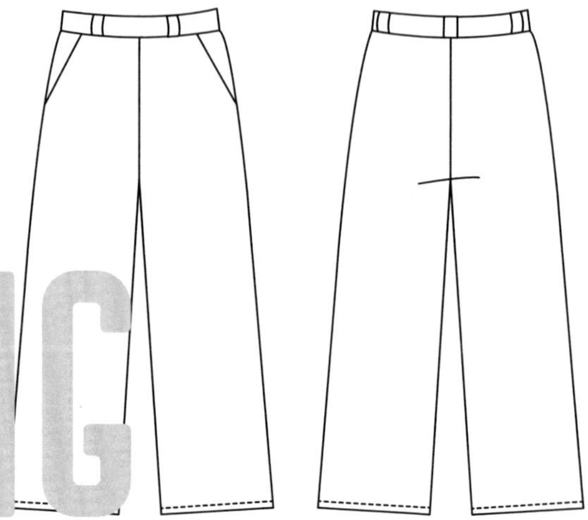

ANLEITUNG

1 Die Taschen an die beiden vorderen Hosenbeine nähen, wie in der Grundanleitung auf Seite 132 beschrieben.

2 Rechtes vorderes Hosenbein und rechtes hinteres Hosenbein rechts auf rechts aufeinanderlegen und die innere wie äußere Hosenbeinnaht schließen. Arbeitsschritte für das zweite Hosenbein wiederholen.

3 Beide Hosenbeine rechts auf rechts ineinanderschieben. Die Schrittnaht zusammenstecken und -nähen. Achte darauf, dass dabei die Innenbeinnähte exakt aufeinanderliegen!

4 Die Säume an den Hosenbeinen, wie in der Grundanleitung auf Seite 128 und 129 beschrieben, als einfache Säume arbeiten.

5 Einen Saumbündchen mit Gürtelschlaufen nähen, wie in der Grundanleitung auf Seite 131 beschrieben, und an den Bund der Hose nähen.

1

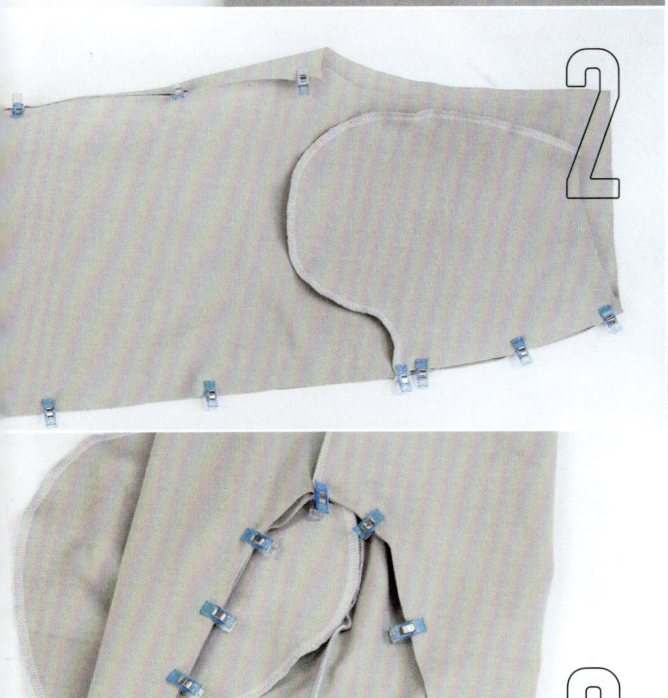
2

3

4

5

EM & MO

Galonstreifen passen auch zur Culotte. Dazu ein Top und schicke Sandalen, fertig ist ein traumhaftes Sommeroutfit.

HIRSCHKAUZ/JOSIIS SWEETIES

Aus einem hellen Blumenstoff wirkt Josefines Culotte leicht und sommerlich. Perfekt dazu das Shirt (Seite 38).

SABSES WELT

Sabrina hat ein gestreiftes Band als Gürtel eingezogen. Shirt (Seite 38) und Beanie (Seite 102) ergänzen den Look perfekt.

ANJA SASSMANNS-HAUSEN

Anja hat auffällige Knöpfe an ihre Culotte genäht. Das Shirt (Seite 44) ist die perfekte Ergänzung.

SEWED SINS

Schlicht und doch extrem effektvoll ist die Kombination aus schwarzer Culotte und Shirt (Seite 44) mit Plot.

DESIGN BEISPIELE MEINES PROBE NÄHTEAMS

MAVIS PIECES
Die Kombination von Sports Top (Seite 50) und Culotte wirkt wie ein angesagter Jumpsuit.

MADE BY CHAOSWORLD
Lässig und locker – das ist das Motto der Zusammenstellung von Culotte mit weißem Sports-Top (Seite 50), Sneakern und Beanie (Seite 102).

LILLIJUL
Esther kombiniert ihre dunkelblaue Culotte ganz elegant zum Fashion Shirt (Seite 44), das sie mit Bündchen gearbeitet hat.

HIRSCHKAUZ/ JOSIIS SWEETIES
Bequem und alltagstauglich ist die Kombination aus khakifarbener Culotte und hellgrauem Sports Top (Seite 50).

TOUGH COOKIE
Die karierte Culotte ist in Kombination mit High Heels ein perfektes Business-Outfit.

SEWED SINS
Die türkisfarbene Culotte mit schwarzem Blazer (Seite 56) und weißem Shirt (Seite 38) ist ein lässiger Street-Style.

LOVE

SCHWIERIGKEITSGRAD 1

GRÖSSE
34–46

MATERIAL

- Stoff 1: Sommersweat, Strick-Jacquard oder Romanitjersey,
  80 cm x 140 cm (Größe 34–40)
  110 cm x 140 cm (Größe 42–46)
- Gummiband, 4 cm breit,
  80 cm (Größe 34–40)
  90 cm (Größe 42–46)

SCHNITTMUSTERBOGEN 2A

NAHTZUGABEN
Naht- und Saumzugaben sind nicht im Schnittmuster enthalten, siehe auch Seite 127.

ZUSCHNITT

Stoff 1

- Vorderteil 2x (1x gegengleich)
- Rückenteil 1x im Stoffbruch
- Saumbündchen 1x im Stoffbruch

Gummiband

- 71 cm (Größe 34)
  73 cm (Größe 36)
  75 cm (Größe 38)
  78 cm (Größe 40)
  80 cm (Größe 42)
  84 cm (Größe 44)
  88 cm (Größe 46)

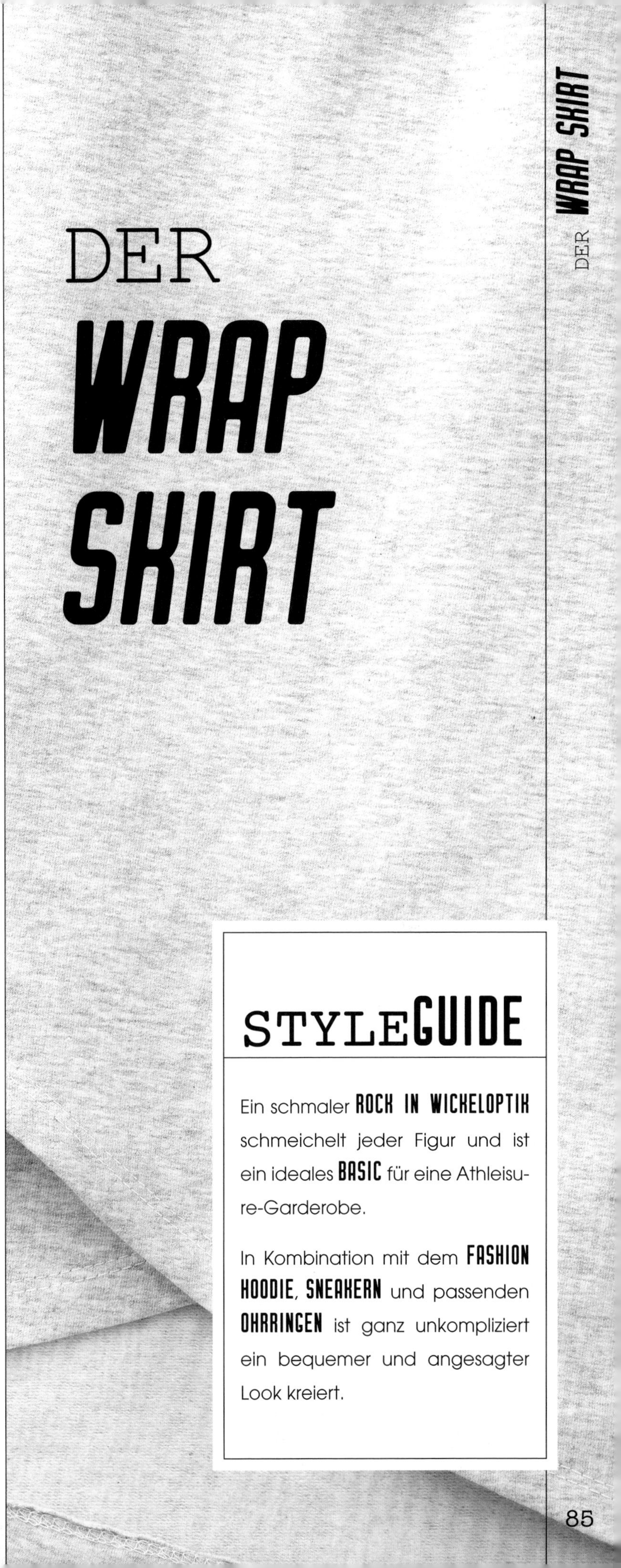

DER WRAP SKIRT

STYLEGUIDE

Ein schmaler **ROCK IN WICKELOPTIK** schmeichelt jeder Figur und ist ein ideales **BASIC** für eine Athleisure-Garderobe.

In Kombination mit dem **FASHION HOODIE**, **SNEAKERN** und passenden **OHRRINGEN** ist ganz unkompliziert ein bequemer und angesagter Look kreiert.

ANLEITUNG

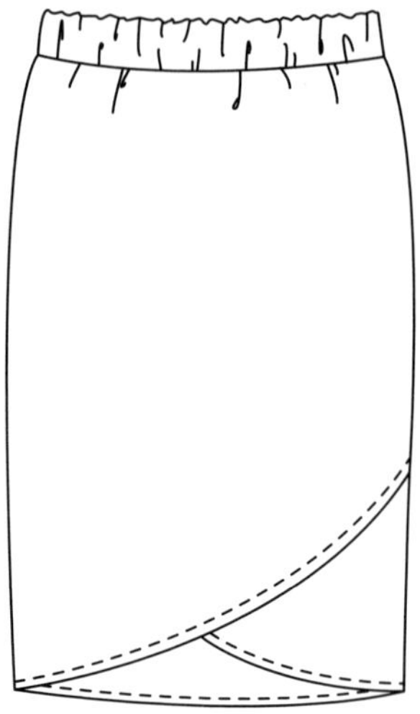

1 Die beiden vorderen und das hintere Rockteil, wie in der Grundanleitung auf Seite 130 beschrieben, einfach säumen.

2 Die beiden vorderen Rockteile rechts auf rechts auf das hintere Rockteil legen und jeweils an den Seiten zusammennähen. Dabei die Fäden am unteren Saum ausreichend lang überstehen lassen.

3 Die überstehenden Fäden bzw. die überstehende Overlockraupe mit einer Nadel auf der Innenseite in der Naht vernähen und knapp abscheiden.

4 Das Saumbündchen mit Gummi, wie in der Grundanleitung auf Seite 130 beschrieben, an den Bund des Rocks nähen.

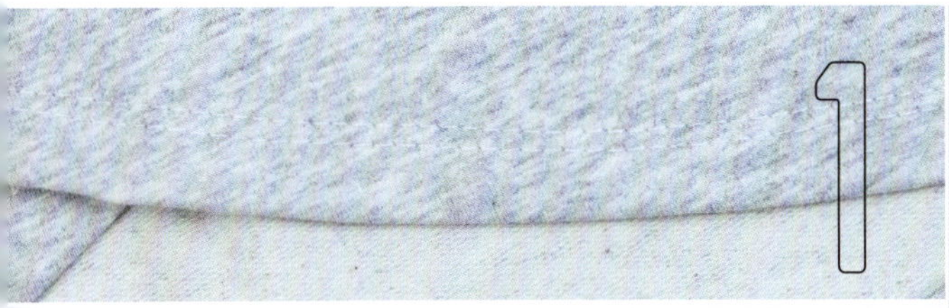
1

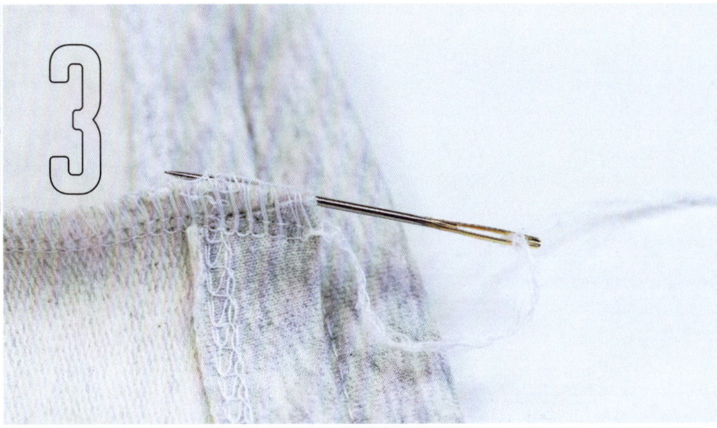
3

2

4

MISSY & MONSTER

Streifen gehen immer! Die perfekte Ergänzung zum Rock ist das lässige Shirt (Seite 44) mit farblich passendem Plot.

PETITES CHIPIES

Mit einem Shirt (Seite 44) und Sneakern ist der Leo-Rock ein cooler Alltagsbegleiter.

MES PETITES CREATIONS JUEL

Rot und Schwarz sind ein bewährtes Team, wie Josefine hier mit schwarzem Rock und rotem Shirt (Seite 44) zeigt.

EM & MO

In Kombination mit einer Jeansjacke und Shirt (Seite 38) hat Julie ihren Rock alltagstauglich gestylt.

STOFFTRAUM

Das linke Vorderteil hat Julia aus einem Blumenstoff, den Rest in Schwarz genäht. So wird der Wickeleffekt noch verstärkt.

J3N_NLIE

Rosa und Grau harmonieren wunderbar. Rock, Shirt (Seite 44), Beanie (Seite 102), Clutch und Sneakers sind ein lässiges Athleisure-Outfit.

DESIGN BEISPIELE MEINES PROBE NÄHTEAMS

MILEO.ME NÄHLIEBE
Als echtes Allround-Piece lässt sich der schwarze Rock perfekt mit einem lässigen Shirt (Seite 44) und Pumps kombinieren.

INSELNAHT
Aus einem auffälligen Stoff genäht wirkt der Rock ebenfalls super. Perfekt dazu das Shirt (Seite 38).

BUNTGEKLECKST
Eileens Mustermix aus Animal-Look und Streifenshirt (Seite 38) ist perfekt gelungen.

SABSES WELT
Ganz mutig hat Sabrina den Rock im Leo-Look mit einem Punkteshirt (Seite 40) und der Beanie (Seite 102) zusammengestellt.

DELISEWS
Denise hat das Kombitalent schwarzer Rock mit Blazer (Seite 56), Shirt (Seite 38) und Beanie (Seite 106) zu einem lässigen Streetwear-Look zusammengestellt.

DER CASUAL SKIRT

STYLEGUIDE

Aus elastischen Materialien genäht wird ein klassischer, schmal geschnittener **ROCK MIT SCHLITZ** zu einem bequemen und coolen **LIEBLINGSTEIL**. Hier haben wir ihn mit dem lässigen **SPORTS TOP** und **SNEAKERN** kombiniert.

STILBRÜCHE wie dieser machen den Athleisure-Look so spannend, vielseitig und für viele Gelegenheiten tragbar.

SCHWIERIGKEITSGRAD 2

GRÖSSE
34–46

MATERIAL

- Stoff 1: Sommersweat, Strick-Jacquard oder Romanitjersey,
  60 cm x 140 cm (Größe 34–40)
  70 cm x 140 cm (Größe 42–46)
- Gummiband, 4 cm breit,
  80 cm (Größe 34–40)
  90 cm (Größe 42–46)

SCHNITTMUSTERBOGEN 2B

NAHTZUGABEN
Naht- und Saumzugaben sind nicht im Schnittmuster enthalten, siehe auch Seite 127.

ZUSCHNITT

Stoff 1

- Vorderes Rockteil 1x im Stoffbruch
- Hinteres Rockteil 1x im Stoffbruch
- Saumbündchen 1x im Stoffbruch

Gummiband

- 71 cm (Größe 34)
  73 cm (Größe 36)
  75 cm (Größe 38)
  78 cm (Größe 40)
  80 cm (Größe 42)
  84 cm (Größe 44)
  88 cm (Größe 46)

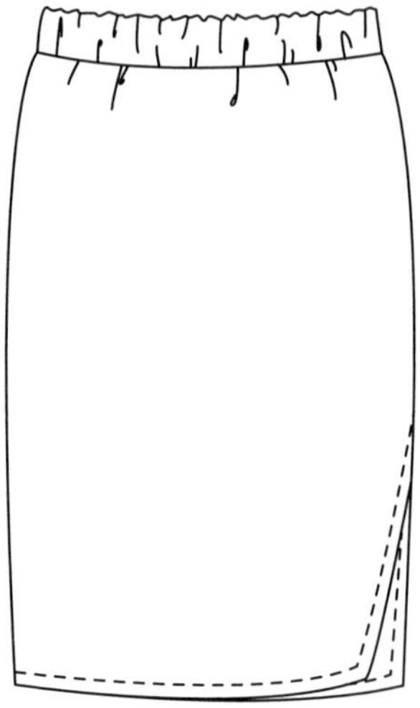

ANLEITUNG

1 Die Seiten der beiden Rockteile jeweils versäubern. Anschließend das vordere und hintere Rockteil rechts auf rechts aufeinanderlegen und an den Seiten zusammenstecken. An einer Seite die Naht nur bis zum Schlitz mit einem elastischen Stich schließen und an der anderen Seite die Teile von oben bis unten mit einem elastischen Stich zusammennähen.

2 An beiden Seiten die Nahtzugaben auseinanderbügeln und die Saumzugabe am Rock nach innen bügeln.

3 Den Rocksaum inkl. Schlitz ringsum absteppen.

4 Das Saumbündchen mit Gummi wie in der Grundanleitung auf Seite 130 beschrieben, an den Rock nähen.

1

DESIGN BEISPIELE MEINES PROBE NÄHTEAMS

INSELNAHT

Der schlichte grüne Rock ist der perfekte Kombipartner für ein gemustertes Shirt (Seite 38).

FROLLEIN SCHWEIGER

Ein schwarzer Rock eignet sich für viele Anlässe. Martina kombiniert ihn mit Top (Seite 52) und High Heels.

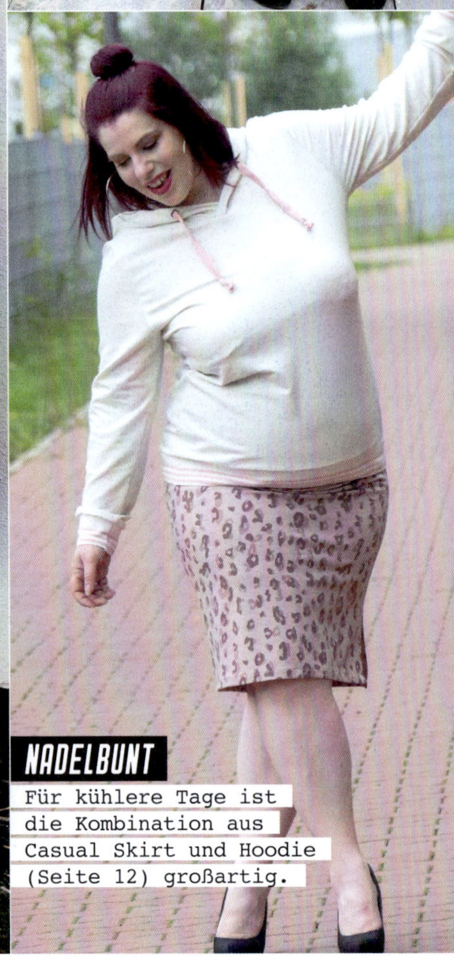

NADELBUNT

Für kühlere Tage ist die Kombination aus Casual Skirt und Hoodie (Seite 12) großartig.

BLÜMCHEN'S EULENWERKSTATT

Der schlichte Rock lässt sich wunderbar zu lässigem Strick kombinieren.

PETITES CHIPIES

Das schlichte Shirt (Seite 44) ist der perfekte Kombipartner für den Rock, hier mit schwarz-weißen Seitenstreifen.

MAVIS PIECES

Kontraste machen den Athleisure-Look aus. Carina kombiniert zum klassisch dunkelblauen Rock ein Streifenshirt (Seite 44) und auffällige Turnschuhe.

J3N_NLIE

Super wirkt der geradlinige Rock aus einem leicht strukturierten Stoff. Dazu passen perfekt Sports Top (Seite 50) und Sneaker.

SEWING LOOKBOOK

Die Pailletten auf dem Casual Skirt sind super für jede Party! Zusammen mit dem Hoodie (Seite 12) stiehlt Patricia allen die Schau.

MILEO.ME NÄHLIEBE

Die angesagten Streifenbänder machen sich auch gut am Rock. Er lässt sich super mit dem Sports Top (Seite 50) kombinieren.

DESIGN BEISPIELE MEINES PROBE NÄHTEAMS

DER AIR SKIRT

STYLEGUIDE

Einen langen, fließenden, femininen Rock hätte man vor einiger Zeit mit mindestens genauso eleganten Teilen kombiniert. Beim Athleisure-Style werden althergebrachte Regeln über Bord geworfen und **KONTRASTE** geschaffen. Hier mit einem **SPORTLICHEN HOODIE** zum zarten Rock. Wer noch mehr will, trägt **SNEAKER** statt der Sandaletten.

SCHWIERIGKEITSGRAD 2

GRÖSSE
34–46

MATERIAL

- Stoff 1: Viskosejersey, Lyocell oder auch noch leichteres Material, 190 cm x 140 cm (für alle Größen)
- Gummiband, 4 cm breit,
  80 cm (Größe 34–40)
  90 cm (Größe 42–46)

SCHNITTMUSTERBOGEN 2A

NAHTZUGABEN
Naht- und Saumzugaben sind nicht im Schnittmuster enthalten, siehe auch Seite 127.

ZUSCHNITT

Stoff 1

- Rockteil 2x im Stoffbruch
- Saumbündchen 1x im Stoffbruch

I Hope
YOU
DANCE

ANLEITUNG

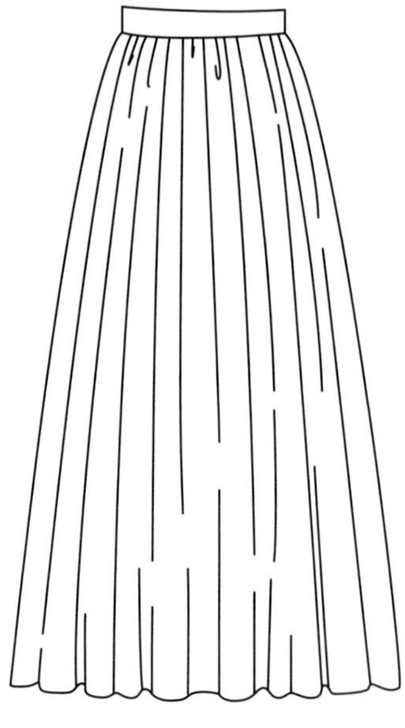

1 Beide Rockteile an der oberen Kante je auf die Hälfte der Saumbündchenlänge einreihen. Hierzu innerhalb der Nahtzugabe zwei Nähte mit größter Stichlänge und 2–3 mm Abstand zueinander setzen. Nahtanfang und -ende nicht verriegeln und ausreichend Faden überstehen lassen.

2 Die Oberfäden jeweils miteinander verknoten, beide Unterfäden greifen und so lange daran ziehen, bis das Rockteil auf die gewünschte Länge (in diesem Fall die Hälfte des Saumbündchens) eingekräuselt ist. Die überstehenden Fäden verknoten und anschließend die Fältchen gleichmäßig verteilen.

3 Die beiden Rockteile rechts auf rechts aufeinanderlegen, an den Seiten zusammenstecken und -nähen.

4 Den Rock, wie in der Grundanleitung auf Seite 128 und 129 beschrieben, einfach säumen und das Saumbündchen mit Gummi, wie in der Grundanleitung auf Seite 130 beschrieben, an den Rock nähen.

1

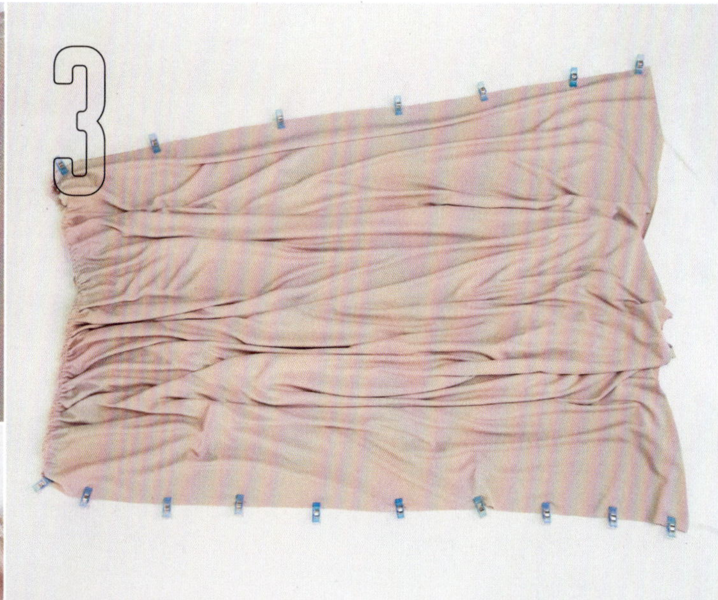
3

2

4

DESIGN BEISPIELE MEINES PROBE NÄHTEAMS

HIRSCHKAUZ/JOSIIS SWEETIES

Blumenrock, Statement-Shirt (Seite 38) und Sneakers – das ist Josefines sommerlicher Athleisure-Look.

STICHTAG EULENKINDER

Dunkelgrüner Rock, weißes Shirt (Seite 38) und senfgelbe Accessoires harmonieren super.

PETITES CHIPIES

Christina hat ihren Chiffonrock auf Wadenlänge gekürzt, einen passenden Unterrock genäht und ein Glitzerbündchen verwendet. Dazu trägt sie ein Sports Top (Seite 50).

MILEO.ME NÄHLIEBE

Der Maxirock in Kombination mit einem geringelten Hoodie ist das perfekte Outfit für kühlere Tage.

LITTLE MISS BEES

Anna hat sich einen hauchdünnen Tüllrock mit einem etwas kürzeren Unterrock genäht. Zusammen mit dem Hoodie (Seite 12) und Hut eine geniale Kombination.

MAVIS PIECES

Sehr elegant wirkt der jeansblaue Rock mit Glitzerbündchen zusammen mit einem Shirt (Seite 44) und Pumps.

ZORNRÖSCHENS NÄHWELT

Geraldines leicht transparenter Rock eignet sich zusammen mit dem Shirt (Seite 44) ideal für heiße Sommertage.

TOUCH COOKIE

Ganz in Schwarz mit Air Skirt, Shirt (Seite 38) mit Plot und Sneakern ist Tanja lässig für den Alltag gestylt.

STOFFTRAUM

Das große Blumenmuster ist so auffällig, dass Shirt und Schuhe gerne schlicht sein dürfen.

MILEO.ME NÄHLIEBE

Aus Leo-Viskose und mit Glitzerbündchen genäht, mit Shirt (Seite 44) und silbernen Accessoires kombiniert, ist der Rock ausgehfein.

LITTLE MISS BEES

Zarter Plissee bildet einen coolen Kontrast zum gestreiften Glitzerbündchen. Lässig dazu: High Heels und Jeansjacke.

SCHWIERIGKEITSGRAD 1

GRÖSSE
46-60 cm Kopfumfang

MATERIAL

- Stoff 1: Rippjersey oder Sommersweat, 80 cm x 140 cm (für alle Größen)

Optionales Material

- 1 Patch aus Leder, SnapPap o.Ä.
- Plot aus der Plotterserie zum Buch, siehe Seite 135

SCHNITTMUSTERBOGEN 1A

NAHTZUGABEN
Naht- und Saumzugaben sind nicht im Schnittmuster enthalten, siehe auch Seite 127.

ZUSCHNITT
Falls du Rippjersey verwendest, musst du die Beanie ein bis zwei Nummern kleiner zuschneiden als deine „normale" Größe laut Kopfumfang, da der Stoff sehr dehnbar ist. Du kannst dir den Rippjersey vor dem Zuschnitt einfach einmal um den Kopf legen, sodass die Weite angenehm ist, und dann die Größe auswählen, die zu dieser Weite passt.

Stoff 1

- Beanie 1x im Stoffbruch

DIE BEANIE

STYLEGUIDE

Ganz klar, eine lässige **BEANIE** verleiht jedem Outfit einen angesagten Touch und ist das **I-TÜPFELCHEN** jedes Athleisure-Looks.

Der Schnitt eignet sich perfekt, um angefallene Stoffreste zu verarbeiten und der Look ist im Handumdrehen komplett. Am besten näht man sie sich gleich in ganz **VIELEN FARBEN**, dann ist immer das passende Modell zur Hand.

ANLEITUNG

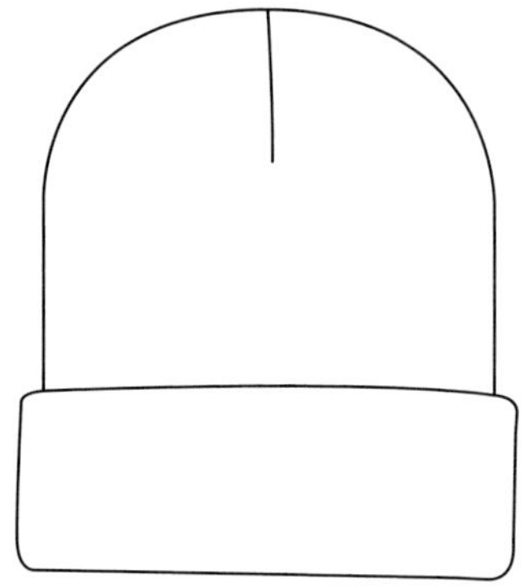

1 Die Beanie rechts auf rechts zu einem Schlauch zusammenlegen und die offenen Kanten von Spitze zu Spitze über die komplette Länge mit einem Geradstich zusammennähen. Lass unten eine Öffnung von ca. 8 bis 10 cm, um die Mütze später auf rechts wenden zu können. Auf dem Foto haben die Klammern da, wo die Wendeöffnung sein soll, einen größeren Abstand.

2 Auf der gegenüberliegenden Seite die beiden kurzen noch offenen Kanten zusammenstecken und jeweils vom Stoffbruch bis zur Spitze mit einem Geradstich zusammennähen. Anschließend alle Nahtzugaben auseinanderbügeln.

3 Die Mütze nun so rechts auf rechts legen, dass die beiden noch offenen Kanten aufeinandertreffen. Diese Kanten mit einem Geradstich zusammennähen.

4 Die Beanie durch die Wendeöffnung wenden und die Wendeöffnung von Hand oder mit der Nähmaschine schließen.

5 Für den Umschlag die untere Kante je nach Geschmack 6–8 cm umbügeln und z.B. mit einem Stück SnapPap, Leder und/oder einem Plot aus der Plotterserie des Buchs verzieren.

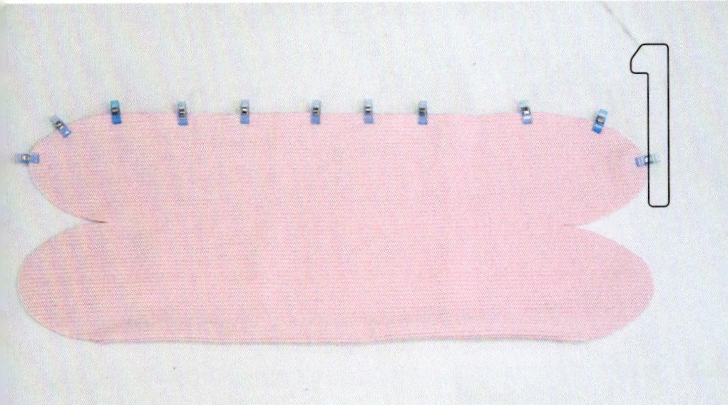
1

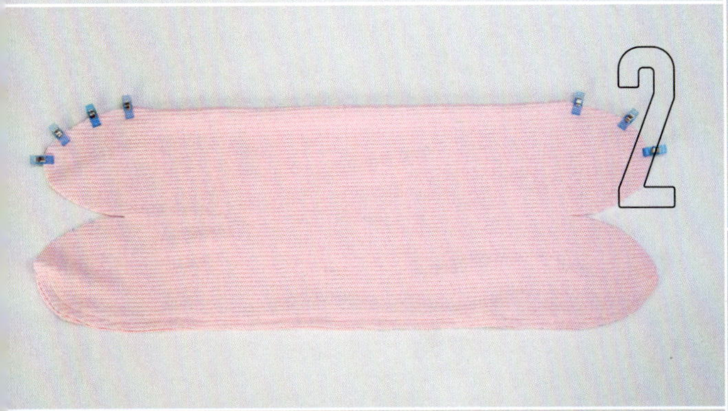
2

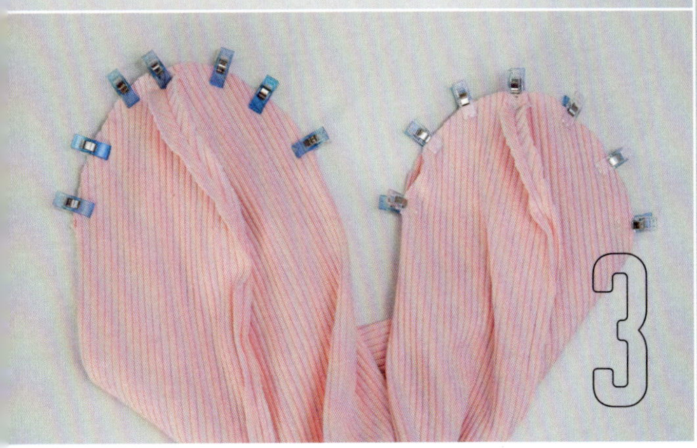
3

4

5
*SMILE

LÜTT TÜÜG

Die Beanie ist die perfekte Ergänzung zu Pants (Seite 66), Shirt (Seite 38) und Blazer (Seite 56).

BUNTGEKLECKST

Eileen hat sich aus einem Rest ihres Colour Blocking-Sweaters (Seite 26) die passende Beanie genäht.

NOTIS WELT

Ganz schlicht in Grau passt die Beanie zu vielen Outfits und Looks.

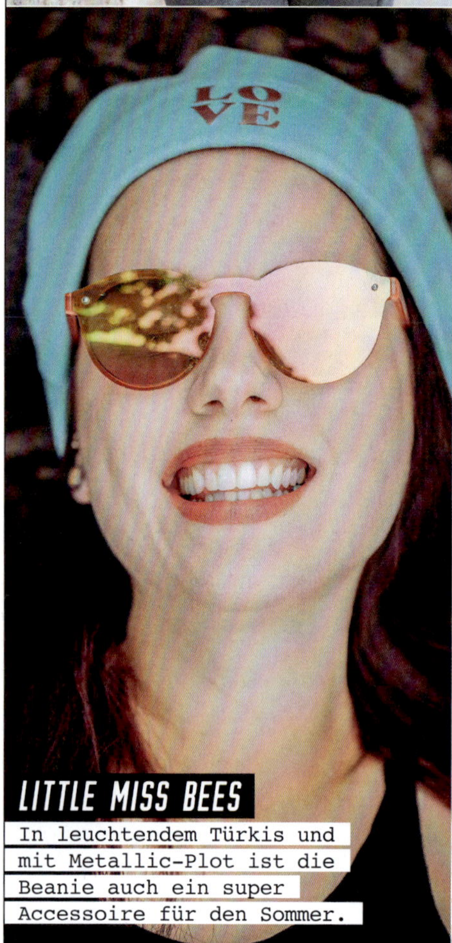

LITTLE MISS BEES

In leuchtendem Türkis und mit Metallic-Plot ist die Beanie auch ein super Accessoire für den Sommer.

HAPPINESS BY JR

Janina hat sich für eine schlichte, graue Variante enschieden, die sich vielseitig kombinieren lässt.

DESIGN BEISPIELE MEINES PROBE NÄHTEAMS

BUNTGEKLECKST

Designs in Rippenoptik und viele weitere Strukturen eignen sich für die Beanie. Perfekt als Resteverwertung.

ZAUBERELLA

Eine schwarze Beanie passt zu allem und jedem.

J3N_NLIE

Mit einer gekauften Applikation bekommt die Beanie ihren besonderen Look. Perfekt zu Shirt (Seite 44) und Rock (Seite 84).

SABSES WELT

Die unterschiedlich breiten Rippen von Sabrinas Beanie wirken fast wie gestrickt.

BUNTGEKLECKST

Der goldene Plot macht die schlichte Beanie in Dunkelblau zu einer Besonderheit.

MADE BY CHAOSWORLD

Mit Umschlag und großem Plot wird die Beanie zum Statement-Piece.

VARIANTEN

Für die graue Variante des Hoodies habe ich Sommersweat verwendet. Die Kapuze ist mit weißem Singlejersey gefüttert, die Bündchen sind aus Rippjersey genäht. Der Wrap-Skirt (Seite 84) ist die perfekte Ergänzung zum Hoodie.

Den Hoodie auf dem Cover habe ich aus weißem Wintersweat genäht. Die Streifen unter dem Schriftzug wurden, passend zum Bündchen, einzeln aus der jeweiligen Farbe geplottet (siehe Seite 135).

Aus rotem Sommersweat, mit passenden Bündchen aus Rippjersey, einer auffälligen Kordel und passendem Plot (siehe Seite 135) wird der Hoodie zu einem auffälligen Lieblingsstück.

LOVE
Love

I AM
HERE
ARE
YOU?

VARIANTEN

Für diese schwarze Sweatpants (siehe Seite 66) habe ich Wintersweat verwendet und die Außenbeinnaht mit einem Zierband aufgepeppt.

Das Basic-Shirt (siehe Seite 38) kann auch mit langen Ärmeln (siehe Schnittmusterbogen) genäht werden. Hier aus hellgrau meliertem Singlejersey mit großem Plot.

Für diese High Waist Leggings (siehe Seite 72) habe ich ecrufarbenen Singlejersey vernäht. Der Plot (siehe Seite 135) aus altgoldener Folie sorgt für das gewisse Etwas.

DIE PROBENÄHERINNEN

Schnitte sind nur dann für die Ewigkeit, wenn sie so gut wie möglich sitzen und man alle Eventualitäten bedacht hat. Das gelingt nur, wenn man die besten Probenäherinnen der Welt an seiner Seite hat. Ich habe das große Glück, dass genau das der Fall ist, und bin unglaublich stolz, dass diese Frauen mich teilweise schon seit Beginn meiner Karriere begleiten.
Mädels, ich danke euch für eure Zeit, euren unermüdlichen Einsatz und eure Kreativität. Ihr seid es, die jedem einzelnen Schnitt Leben eingehaucht habt.

ANJA SASSMANNSHAUSEN

Ich bin Anja, 38 Jahre, und lebe mit meinem Mann und unseren zwei Fellkindern in der wunderschönen Holledau. Meine Nähleidenschaft habe ich vor acht Jahren entdeckt, denn ich wollte Kleidung nähen, die mir passt und mir gefällt. Um das Nähen zu lernen, fing ich mit Taschen an, denn schöne Schnittmuster für Damenkleidung gab es damals noch nicht so viele. Seit über zwei Jahren gebe ich nun auch Nähkurse für Anfänger und Taschen-Nähkurse.
Meine Größen: Hosen und Oberteile 44, Röcke 46.

ANNA KUKUK [Little Miss Bees]

www.instagramm.com/little_miss_bees

Ich bin Anna und schon seit frühester Kindheit begeistert mich alles, was mit Handarbeit zu tun hat. Stoffe zu fühlen, zu kombinieren und aus ihnen einzigartige Stücke zu zaubern, fasziniert mich. Ich lebe mit meinem Mann und meiner Tochter an der Mosel und auch die beiden tragen gerne meine selbstgenähten Sachen. Ich blogge erst seit 2018, aber als freie Fotografin macht mir das Bilder machen besonders viel Spaß.
Meine Größen: Oberteile 38, Röcke und Hosen 40.

CARINA BEER [Mavis Pieces]

www.instagram.com/mavispieces
www.facebook.com/mavispieces

Ich bin 33 Jahre, verheiratet und habe zwei Kinder. Vor ca. sechs Jahren begann meine Liebe zum Nähen. Anfangs sporadisch für meinen Sohn. Mit der Geburt meiner Tochter vor dreieinhalb Jahren wurde aus meinem geliebten Hobby meine Leidenschaft inklusive Nebengewerbe. Mit der Zeit kam zur Baby- und Kinderbekleidung auch Kleidung für mich hinzu.
Meine Größen: Oberteile 36, Röcke und Hosen 34.

CHRISTINA FORTIN [Petites Chipies]

www.instagram.com/petites_chipies
www.facebook.com/chrissyspetiteschipies

Ich lebe mit meinem Mann, unseren zwei Mädchen (4 und 6) und unserem Hund in Niedersachsen, wo ich hauptberuflich Grundschullehrerin bin. Zum Nähen bin ich durchs Mama sein gekommen. Welche Ausmaße das neugewonnene Hobby mal annimmt, hätte ich damals jedoch nie erahnt. Vor vier Jahren habe ich ziemlich spontan meine Seite „Petites Chipies" ins Leben gerufen, wo ich meine genähten Sachen vorstelle.
Meine Größen: Oberteile, Röcke und Hosen 40.

CLAUDIA HAASE [inselnaht]

www.instagram.com/inselnaht
www.facebook.com/inselnaht

Ich bin 32 Jahre jung, wohne auf der Insel Rügen und stamme aus Sachsen-Anhalt. Seit 2010 bin ich mit dem Nähfieber infiziert. Angefangen habe ich unter der fachmännischen Anleitung meiner Oma, einer ehemaligen Konfektionsschneiderin. Seither habe ich mir viel selbst beigebracht, sodass heute für mich gilt: Was ich nicht selbst nähen kann, gibt es eben nicht in meinem Kleiderschrank!
Meine Größen: Oberteile 36, Röcke und Hosen 38.

DENISE WILPERNIG [delisews]

www.instagram.com/delisews_denise
www.facebook.com/delisews

Ich bin 38 Jahre, verheiratet und Mama von zwei Jungs. Als unser Erstgeborener auf die Welt kam, habe ich mich zum ersten Mal an eine Nähmaschine gesetzt. Seither hat mich das Nähen nicht mehr losgelassen. Unter dem Label „delisews" nähe ich mittlerweile am liebsten für mich selbst, fertige auf Wunsch aber auch Aufträge.
Meine Größen: Oberteile, Röcke und Hosen 36/38.

EILEEN MICHALEW [buntgekleckst]

www.instagram.com/buntgekleckst
www.facebook.com/buntgekleckst

Ich bin Eileen, Mitte 30, verheiratet, Mama von drei Mädels und lebe im schönen Altmühltal. Nähen gehört seit 2014 zu meiner Leidenschaft, angefangen hab ich damals mit Kinderkleidung. Nach und nach füllte sich auch mein Kleiderschrank mit Selbstgenähtem. Außer meinem Blog liebe ich das Reisen.
Meine Größen: Oberteile 38, Röcke und Hosen 40/42.

ESTHER CERVA [Lillijul]

www.instagram.com/lillijul1
www.facebook.com/lillijul

Ich bin 36, verheiratet, habe zwei Kinder und lebe in der Nähe von Stuttgart. Nach der Geburt meines zweiten Kindes war ich auf der Suche nach einem Hobby. Ich wollte schnell positive Ergebnisse und das funktionierte beim Nähen. Nach dem ersten Versuch an der Nähmaschine hielt ich eine windschiefe Beanie in den Händen, war glücklich und dachte mir „Genau das ist es!".
Meine Größen: Oberteile, Röcke und Hosen 36.

GERALDINE ZORN [Zornröschens Nähwelt]

www.instagram.com/zornroeschennaehwelt
www.facebook.com/Zornroeschensnaehwelt

Ich lebe mit meinem Ehemann und unseren zwei wundervollen Kindern in der Nähe von Heidelberg. Seit der Geburt unseres zweiten Kindes hänge ich an der Nadel. Kein Tag vergeht ohne eine Naht. Inzwischen kaufe ich kaum noch Kleidung für mich und die Familie. Es macht mir besonderen Spaß, wenn ich mich Herausforderungen stellen und dabei über mich hinauswachsen kann.
Meine Größen: Oberteile, Röcke und Hosen 36.

ISABELL BEILHARZ & JULIA GIEHL
[Missy und Monster]

www.instagram.com/missyundmonster
www.facebook.com/MissyMonsterSewing

Warum allein, wenn man zu zweit doch viel mehr Spaß hat? Mit diesem Gedanken entstand vor ein paar Jahren die Idee zu „Missy und Monster": Das sind wir beide – Isa und Julia, seit dem gemeinsamen Studium fest miteinander verbunden. Mit Kinderkleidung hat alles angefangen, mittlerweile zeigen wir Kleidung für Groß und Klein, Taschen und Accessoires …
Unsere Größen:
Isabell: Oberteile, Röcke und Hosen 46.
Julia: Oberteile 46, Röcke und Hosen 44.

JANINA HERTWIG [happiness by jr]

www.facebook.com/Happinessbyjr

Ich lebe in der Lüneburger Heide, bin 33 Jahre alt und habe die Leidenschaft zum Nähen in meiner Jugend entdeckt. Richtig aufgeflammt ist es dann wieder mit meinen Kindern. Ich verbreite gerne kreatives Chaos, bin Streifen-Monk, Stoffstreichlerin, Auftrenn-Profi und mein häufigster Satz ist: „Noch schnell die Naht zu Ende – oh, nur noch drei Stunden bis zum Weckerklingeln".

Meine Größen: Oberteile 40, Röcke und Hosen 42.

JENNY KÖHLER [J3n_nlie]

www.instagram.com/j3n_nylie
www.facebook.com/jenny.koehler1982

Ich bin 37, lebe in Sachsen und habe zwei Kinder. Ich nähe mittlerweile seit fünf Jahren. Zuerst habe ich ausschließlich für meine Tochter genäht, dann entflammte meine Begeisterung für Damenkleidung. Mittlerweile nähe ich meine komplette Garderobe selbst. Ich liebe Streetwear und freue mich, mir meine Kleidungsstücke in diesem Stil zu nähen und mit Plots zu verschönern. Seit 2015 betreibe ich meinen Blog, auf dem ich fast täglich über meine entstandenen Werke berichte.

Meine Größen: Oberteile, Röcke und Hosen 40.

JOSEFINE ERNST [Mes petites creations JuEl]

www.instagram.com/mes_petites_creations_juel

Ich bin 27 Jahre jung, habe zwei Kinder und komme aus Sachsen-Anhalt. Meine Nähsucht begann vor etwa fünf Jahren, als ich mit meiner Tochter schwanger war. Anfangs habe ich nur für meine Kinder genäht, mittlerweile liebe ich es, Klamotten für mich zu nähen. Da ich mit einer Größe von 1,58 m und voluminösen Beinen gesegnet bin, nähe ich gerne maßgeschneiderte Hosen oder Kleider.

Meine Größen: Oberteile, Röcke und Hosen 42.

JOSEFINE SCHNEIDER [Hirschkauz]

www.instagram.com/hirschkauz
www.facebook.com/hirschkauz

Ich bin 31 Jahre alt und lebe mit meiner Familie in der Pfalz. Ich nähe seit ich 12 bin. Vor neun Jahren entstand mein erstes aufwendiges Kleid aus gemusterter Webware. Seitdem nähe ich vor allem für mich und meine Familie und liebe es, mich beim Nähen kreativ auszutoben. Auf Instagram poste ich meine genähten Teile unter dem Label Hirschkauz und dort hole ich auch Inspiration und Ideen.

Meine Größen: Oberteile, Röcke und Hosen 38.

JULIA GOCK [EMundMO]

www.instagram.com/em_und_mo
www.facebook.com/emundmo

Ich bin 37 Jahre alt und lebe mit meinem Mann und meinen zwei Kindern südlich von München. Während ich anfangs ausschließlich Baby- und Kindersachen genäht habe, nutze ich heute fast jede freie Näh-Minute für mich aus. Ich mag vor allem unkomplizierte, aber trotzdem wandelbare Schnitte, die für dehnbare Stoffe geeignet sind. Nähen bedeutet für mich Abschalten vom Alltag.

Meine Größen: Oberteile 34, Röcke und Hosen 36.

JULIA SCRIBA [Stofftraum]

wwww.facebook.com/julysstofftraum

Ich bin Julia, 39 Jahre alt und lebe in Österreich. Ich nähe seit drei Jahren täglich und am liebsten Kleidung für mich. Ich liebe es, mit Farben zu spielen, mich mit jedem Kleidungsstück neu zu erfinden und anderen Mut zu machen, für sich selbst zu nähen.
Meine Größen: Oberteile 44, Röcke und Hosen 46.

MAREN WALDER [Nähwald]

www.instagram.com/naehwald
www.facebook.com/Naehwald

Im ländlichen Siegerland lebe ich mit meinem Mann, unseren drei Kids, jeder Menge Stoffen und noch mehr Ideen. Jeden Abend rattern die Maschinen im Keller und füllen unsere Kleiderschränke, die fast nur mit Selbstgenähtem bestückt sind. Ich nähe meist schnelle Projekte aus dehnbaren Stoffen. Doch ab und an sind auch aufwendigere Sachen wie zum Beispiel Jacken oder Mäntel dabei.
Meine Größen: Oberteile 34, Röcke und Hosen 36.

MARTINA SCHWEIGER [Frollein Schweiger]

www.instagram.com/frolleinschweiger
www.facebook.com/frolleinschweiger

Ich wohne mit meinem Mann und unseren vier Kindern in Augsburg. Die Liebe zum Nähen gehört schon sehr lange zu meinem Leben. Meine Mutter hat mir das Nähen gezeigt und mir auch dieses unglaublich tolle Gefühl vermittelt, wie wunderbar es ist, etwas eigenhändig zu erschaffen. Inzwischen ist das Shoppen nur mehr eine Ideenfindung für das nächste Nähprojekt.
Meine Größen: Oberteile, Röcke und Hosen 38.

MICHAELA STOSSBERG [Made by Chaosworld]

www.instagram.com/made_by_chaosworld

Ich bin 50 und lebe mit meiner Familie in Wuppertal. 2013 fing ich mit dem Nähen an. Zuerst waren es Kissen und Leseknochen, später kam Kinderkleidung dazu. Irgendwann begann ich, Kleidung für mich zu nähen. Ich liebe das Nähen und bin froh, dass ich mich im Laufe der Jahre immer weiter entwickeln konnte. Dieses Wissen gebe ich nun in meinen Nähkursen an Groß und Klein weiter.
Meine Größen: Oberteile 42, Röcke und Hosen 40.

NADINE NAGEL [Nadelbunt]

www.facebook.com/nadelbunt

Meine Liebe zum Nähen begann, als meine Schwiegermutter vor zwei Jahren ein selbstgenähtes Halstuch für meinen jüngsten Sohn mitbrachte. Ihr Werk begeisterte mich so sehr, dass ich mir eine Nähmaschine kaufte und mir das Nähen selbst beibrachte. Anfangs nähte ich für meine drei Kinder, doch schnell entdeckte ich das Nähen für mich. Diese Werke zeige ich seit Anfang 2018 auch auf meiner eigenen facebook-Seite.
Meine Größen: Oberteile, Röcke und Hosen 46.

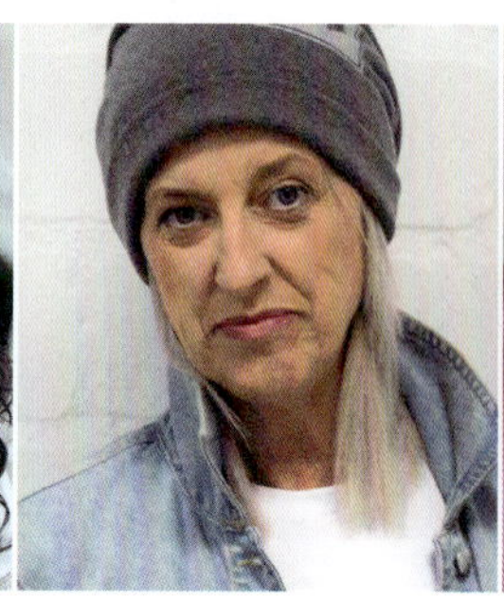

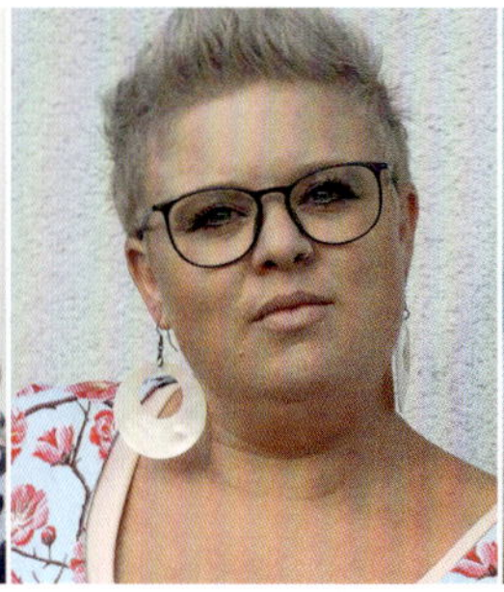

NINA SCHMIDT [MiLeo.me Nähliebe]

www.instagram.com/mileo.me.naehliebe
www.facebook.com/MiLeo.me.Naehliebe

Ich bin 35 Jahre jung und wohne mit meiner Familie in Niedersachsen. Vor fünf Jahren, in der 1. Schwangerschaft mit unserer Tochter, fing ich mit dem Nähen an und nach der Geburt unseres Sohnes habe ich das Nähen dann auch für mich entdeckt. Mittlerweile nähe ich fast täglich, blogge darüber und unsere Kleiderschränke füllen sich immer mehr mit DIY-Mode und ich liebe es!
Meine Größen: Oberteile 36, Röcke und Hosen 40.

NINA BÖCK [Nina näht]

www.facebook.com/Nina-näht-1501502569893284

Ich bin Nina, 38 Jahre jung und wohne mit meinem Mann und unseren drei Kindern in Niederösterreich. Ich bin diplomierte Gesundheits- und Krankenschwester. Meine Freizeit verbringe ich in den letzten vier Jahren sehr exzessiv mit meiner Nähmaschine. Das Fotografieren lässt sich mit dem Designnähen perfekt vereinen.
Meine Größen: Oberteile, Röcke und Hosen 46.

NOTBURGA EMRICH [Notis Welt]

www.facebook.com/notiswelt
www.instagram.com/notis_welt

Ich lebe mit meinen drei Mädchen und meinem Mann in Österreich. Mein Hobby habe ich schon seit ich 16 Jahre alt bin. Mit meinen Kindern ist die Leidenschaft zum Nähen neu entfacht und zu Beginn habe ich nur für meine Mädels genäht. Mit der Zeit habe ich das Nähen für mich entdeckt. Ich liebe es, schöne, individuelle Kleidung, die perfekt passt, für mich anzufertigen.
Meine Größen: Oberteile, Röcke und Hosen 38.

PATRICIA PFRETZSCHNER [Sewing Lookbook]

www.instagram.com/Patricia_SewingLookbook
www.facebook.com/SewingLookbook

Nachdem ich vor fünf Jahren im Urlaub auf einem kleinen Markt einen Stand mit selbstgenähter Babykleidung gesehen hatte, wusste ich: Das will ich auch können! Nachdem ich anfangs ausschließlich für meine Kinder genäht habe, füllt sich nun seit drei Jahren auch mein Kleiderschrank mit DIY-Mode. Ich liebe es, meine Ideen zu verwirklichen und kreativ zu sein.
Meine Größen: Oberteile und Hosen 38, Röcke 36.

ROTRAUD THURNER [RoDiamanten]

www.instagram.com/RoDiamanten
www.facebook.com/RoDiamanten

Ich bin 42 Jahre alt und habe meine Begeisterung für das Nähen von meiner Großmutter geerbt. Das Nähen ist immer ein Teil meines Lebens gewesen. So richtig nähsüchtig bin ich aber erst seit der Geburt meiner inzwischen sechsjährigen Zwillinge. Heute kann ich mir ein Leben ohne diesen kreativen Ausgleich nicht mehr vorstellen.
Meine Größen: Oberteile 46, Röcke und Hosen 42.

SABRINA HORNUNG [Sabses Welt]

www.instagram.com/sabrina.hornung_sabseswelt
www.facebook.com/sabseschaotischewelt

Ich bin 34 Jahre alt und wohne in Niedersachsen. Verheiratet bin ich seit sechs Jahren mit dem Papa meiner Mädels, und dieser ist auch „schuld" daran, dass ich die Hobbynäherei für mich entdecken durfte. Schließlich hat er mir ungefragt eine Nähmaschine unter den Weihnachtsbaum gestellt… Losgelegt habe ich direkt mit einem Damenmantel. Ich liebe den kreativen Schaffensprozess, mit den Händen zu arbeiten und so ein Unikat zu schaffen.
Meine Größen: Oberteile 40, Röcke und Hosen 42/44.

SABRINA SCHWEIGER [Blümchen's Eulenwerkstatt]

www.facebook.com/BlumchensEulenwerkstatt

Ich bin Sabrina, 39 Jahre und komme aus dem Schwarzwald. Kreativität wurde mir schon aus vorigen Generationen in die Wiege gelegt. Meine Familie bestand aus Musikern, Malern, Schuhmachern, Kinderbuchautoren und vielen anderen kreativen Köpfen. Meine Großmutter jedoch arbeitete in einer Stofffabrik, sodass ich hier mit Stoffen schon recht früh in Berührung kam. Zum Nähen kam ich allerdings erst in der Schwangerschaft mit meinem sechsten Kind. Dort fing ich mit kleinen Eulen an, bevor sich die Wege der wunderbaren Kerstin und mir kreuzten…
Meine Größen: Oberteile, Röcke und Hosen 36/38.

SARAH SCHUSTER [Schere, Nadel und Stoff]

www.instagram.com/scherenadelstoff
www.facebook.com/scherenadelstoff

Aufgewachsen bin ich mit meinen vier Geschwistern (wir sind Drillinge und Zwillinge) in Hof in Oberfranken. Schon immer bewunderte ich das handwerkliche Geschick meiner Oma und Tante. Nach einer längeren Pause begann ich wieder mit dem Nähen, als es Nachwuchs in der Familie und im Freundeskreis gab. Von anfänglichen Patchworkdecken und Pumphosen kam ich zur Mode für mich. 2015 gründete ich deshalb meinen Blog. Seit 2017 bin ich verheiratet und Mama eines Sohnes. Seitdem werden wieder Pumphosen genäht…
Meine Größen: Oberteile, Röcke und Hosen 42.

SASKIA WULFF [Sewed Sins]

www.facebook.com/sewedsins

Als ich vor fünf Jahren das erste Mal an der Nähmaschine gegessen habe, habe ich nicht erwartet, irgendwann meine eigenen Taschen zu designen und in Form von E-Books zu vertreiben. Angefangen habe ich mit Untensilos und habe vor vier Jahren, nach meinem Umzug nach Hamburg, mit dem Nähen von Kleidung begonen. Schnell war die Leidenschaft da. Denn was gibt es Schöneres als einen Kleiderschrank, gefüllt mit selbstmachter Kleidung?!
Meine Größen: Oberteile, Röcke und Hosen 36.

SIMONE DUTSCHMANN [ZauberElla]

www.facebook.com/ZauberElla-585037131690222

Ich bin Simone, 36 Jahre alt und lebe mit meinem Mann und meiner Tochter in Ludwigshafen. Als ich vor ca. zwei Jahren mit dem Nähen angefangen habe, habe ich fast nur Kleidchen für die Motte genäht. Mittlerweile allerdings wird hier so ziemlich alles selbst genäht, von Jacken über Hosen bis hin zu Taschen. Für mich ist das Nähen mein Ausgleich und ich kann stundenlang an der Maschine sitzen.
Meine Größen: Oberteile, Röcke und Hosen 44.

SIMONE KRUMM [Lütt Tüüg]

www.facebook.com/Luett.Tueueg

Ich bin Simone und nähe seit ca. 12 Jahren unter dem kleinen Label Lütt Tüüg. Ich wohne in Mecklenburg und arbeite als Kosmetikerin. Anfangs bin ich mit kleinen Dingen wie Kissen und U-Hefthüllen gestartet, doch mittlerweile benähe ich meine drei Kinder, meinen Partner und mich. Das Nähen ist für mich der perfekte Ausgleich zum Alltag.
Meine Größen: Oberteile, Röcke und Hosen 34.

SIMONE MARINO [AlmaSiro - Nähen und Co]

www.facebook.com/AlmaSiroDIY

Ich bin Simone, 33 und lebe mit meinem Mann und meinen zwei Kindern im Sauerland. Mit dem Nähen habe ich vor fünf Jahren in der Schwangerschaft mit meiner Tochter angefangen. Nach meiner ersten Babymütze hätte ich nicht gedacht, dass ich auch irgendwann Outfits für mich nähen würde. Ich liebe es, Unikate für uns zu schaffen und jedem Teil „das gewisse Etwas" zu verleihen. Seit ein paar Jahren betreibe ich auch mit viel Liebe meine Seite auf Facebook.
Meine Größen: Oberteile, Röcke und Hosen 36.

TANJA KORDA [tough cookie]

www.instagram.com/tough_cookie_by_tanjakorda
www.facebook.com/toughcookiefashion

Ich bin 46, verheiratet und habe drei Kinder (19, 15 und 6). Durch die Geburt unseres Jüngsten kam ich zum Nähen, was sich sehr schnell nicht mehr auf Kinderkleidung beschränkte, sondern mittlerweile einen großen Teil meines Kleiderschrankes füllt. Kerstin war die erste, die mir ihr Vertrauen schenkte und für die ich probenähen durfte. Ein riesiger Schritt, den ich nie bereut habe, denn ich liebe alles, was damit zusammenhängt!
Meine Größen: Oberteile, Röcke und Hosen 40.

VERONIKA DRUCKENBROD [Stichtag Eulenkinder]

www.instagram.com/stichtageulenkinder
www.facebook.com/StichtagEulenkinder

Mein Name ist Veronika, Jahrgang 82 und ich wohne mit meiner Familie im Frankenland in der Nähe von Würzburg. Kreativität war schon immer meine Kraft. Mein Kopf sprudelt oft nur so vor Ideen, die ich immer gar nicht schnell genug umsetzen kann. Ich nähe und plotte seit 2012 unter dem Label „Stichtag Eulenkinder". Das Nähen bietet mir die Möglichkeit, Kleidung ganz nach meinen Vorstellungen zu erschaffen, und das macht mich einfach glücklich.
Meine Größen: Oberteile, Röcke und Hosen 40.

JERSEY – WAS IST DAS?

Jersey ist ein Stoff, der gestrickt bzw. gewirkt wird, im Gegensatz zu Webware, die, wie der Name schon sagt, gewebt wird. Jersey erfreut sich großer Beliebtheit, da er elastisch ist, einen super Tragekomfort bieten und in unendlich vielen Farben und Motiven erhältlich ist. Je nachdem, wie er gestrickt ist oder sich zusammensetzt, ist er für unterschiedliche Einsatzgebiete geeignet.

BAUMWOLLJERSEY/ SINGLEJERSEY MIT ELASTHAN

Diese Art Jersey ist aktuell am weitesten verbreitet und bietet die größte Auswahl an Farben und Motiven. In den meisten Fällen hat dieser Jersey einen Elasthananteil von 5% bis 7%. Der Stoff hat eine klar erkennbare rechte Seite (rechts gestrickte Maschen) und eine klar erkennbare linke Seite (links gestrickte Maschen). Er ist elastisch, atmungsaktiv, kann in den meisten Fällen bei 40 Grad gewaschen werden und bietet einen hohen Tragekomfort. Das Elasthan verhindert jedoch einen leichten schönen Fall der Kleidung, daher ist er nicht für Schnitte mit Wasserfallkragen o.Ä. geeignet. Figurbetonte Schnitte, wie z.B. eine Leggings, lassen sich dagegen super aus diesem Jersey nähen. Die Kanten rollen sich gerne ein und machen die Verarbeitung etwas schwieriger.

BAUMWOLLJERSEY/ SINGLEJERSEY OHNE ELASTHAN

Ein sehr beliebter Stoff für Kleidung, die nicht zu figurnah sitzen soll. Baumwolljersey ohne Elasthan ist leicht, etwas dehnbar, aber nicht elastisch. Auch dieser Jersey hat eine klar erkennbare rechte Seite (rechts gestrickte Maschen) und eine klar erkennbare linke Seite (links gestrickte Maschen). Weil der Jersey zu 100% aus Baumwolle besteht, kann er einlaufen und leiert schneller aus. Er ist somit nicht für figurbetonte Kleidung wie Leggings geeignet. Ebenso wie beim Baumwolljersey mit Elasthan rollen sich die Kanten hier gerne ein und machen die Verarbeitung gerade für Anfänger zu einer kleinen Herausforderung.

RIPPJERSEY

Dieser Jersey ist den meisten als Bündchenware für Halsausschnitte oder als Ärmel- und Saumabschluss bekannt. Durch seine Strickart ist er noch einmal elastischer als Singlejersey und sieht auf beiden Seiten gleich aus. Es gibt ihn in verschiedenen Varianten, im Handel auch oft als glattes Bündchen und Rippbündchen zu finden. Bei der glatten Variante (1x1 Rippe) wechseln sich linke und rechte Maschen ab. Für das sichtbare Rippenmuster (2x2 Rippen) wechseln sich je zwei rechte und zwei linke Maschen ab. Dieser Jersey hat meist einen Elasthananteil, da gerade die Bündchen in ihre Form

BAUMWOLLJERSEY/ SINGLEJERSEY MIT ELASTHAN

BAUMWOLLJERSEY/ SINGLEJERSEY OHNE ELASTHAN

RIPPJERSEY

zurückspringen und die Kleidung, z. B. eine Hose, an Ort und Stelle halten sollen. Man kann aus Rippjersey auch ganze Kleidungsstücke, wie z.B. die Hipster Beanie hier im Buch nähen. Dabei ist allerdings zu beachten, dass aufgrund der hohen Dehnbarkeit die Beanie oder auch andere Kleidungsstücke mindestens eine Nummer kleiner zugeschnitten werden muss.

VISKOSEJERSEY

Viskosejersey hat einen weichen und fließenden Fall. Er ist angenehm zu tragen, doch zeichnet sich unter diesem Jersey jede Körperkontur deutlich ab. Ein leichter Schimmer auf der rechten Seite lässt ihn sehr edel und feminin wirken. Die rechte und linke Seite sind klar durch die rechten und linken Maschen zu unterscheiden. Viskosejersey kommt hauptsächlich für Kleidungsstücke mit Drapierung, wie Wasserfallshirts o.Ä. zum Einsatz. Oft entpuppt sich der Nahtbeginn als kleine Herausforderung, da der Stoff gerne von der Maschine „gefressen" wird. Dies kann mit verschiedenen kleinen Tricks verhindert werden. So kann man beispielsweise ein Stück ausreißbares Vlies auf den Nahtbeginn legen oder 1 cm weiter innen beginnen und wieder einige Stiche zurücknähen, bevor man die komplette Naht schließt. Ist für ein Kleidungsstück Viskosejersey als Material empfohlen, sollte man sich hier auch unbedingt an diese Empfehlung halten.

JACQUARDJERSEY

Die Motive bei diesem Jersey werden nicht, wie üblich, aufgedruckt, sondern mit speziellen Strickmaschinen gestrickt. Die aufwendige Herstellung des Jacquard-Stoffs macht sich natürlich im Preis bemerkbar. Aufgrund der Verarbeitung ist er weniger dehnbar als andere Jerseyarten und relativ fest. Jacquard gibt es in unterschiedlichen Materialzusammensetzungen. Enthält er einen Polyesteranteil, kann er eventuell nach einiger Zeit pillen. Aus 100% Baumwolle dagegen ist er pflegeleicht und angenehm weich zu tragen. Er eignet sich daher für viele verschiedene Kleidungsstücke, wie z.B. Hosen, Pullover und Jacken.

ROMANITJERSEY

Er wird auch Punto di Roma, Double-Jersey, Courtelle Jersey oder Milano Jersey genannt und besteht aus Viskose, Polyester oder Nylon und Elasthan. Romanitjersey wird gewirkt, d.h. zwei Stofflagen sind so miteinander verbunden, dass er zwei rechte Seiten hat. Er ist weich, bietet einen hohen Tragekomfort und kaschiert hervorragend kleine Problemzonen. Im Vergleich zu Singlejersey ist er schwerer und dicker. Er lässt sich wunderbar verarbeiten, die Kanten müssen meist nicht versäubert werden und rollen sich nicht ein. Je nach Stoffzusammensetzung eignet er sich besonders für Damenkleidung, wie z. B. Hosen, Röcke und Kleider.

INTERLOCK

Ähnlich wie Romanitjersey hat der Interlock zwei rechte Seiten, die miteinander verwoben sind. Er ist weniger dehnbar (nicht elastisch) als Singlejersey, aber auch strapazierfähiger, laufmaschensicher und formstabil. Er besteht oft zu 100% aus Baumwolle und ist leicht zu verarbeiten, da sich die Kanten ebenfalls nicht einrollen. Interlock ist vielseitig einsetzbar, es gilt jedoch zu beachten, dass er durch den fehlenden Elasthananteil schneller ausleiern kann. Zum Einsatz kommt er durch seine wärmende Eigenschaften gerne bei Baby- und Kinderkleidung, ist aber auch für viele andere Projekte bestens geeignet.

SWEAT

Sweat unterscheidet sich von Jersey maßgeblich darin, dass von links ein zusätzlicher Futterfaden eingestrickt ist. Wird dieser zusätzlich maschinell aufgeraut, spricht man von Wintersweat, wird er das nicht, von Sommersweat oder auch French Terry. Die beiden Varianten unterscheiden sich in Dicke und Dehnbarkeit und sind somit nicht beide für jedes Projekt geeignet. Sommersweat ist um einiges elastischer und hat weniger Stand als Wintersweat, und ist daher für figurnahe Schnitte besser geeignet. Angerauter Sweat ist flauschig und warm, aber nicht mehr sehr dehnbar und daher eher für eine lockere Schnittführung geeignet. Viele Sweat-Stoffe bestehen aus 95% Baumwolle und 5% Elasthan. Je nach Hersteller kann die Zusammensetzung aber auch variieren, Viskose- oder Polyesteranteile sind keine Seltenheit.

Es gibt noch viele weitere Jerseyarten, wie z.B. Funktionsjersey. Prinzipiell gilt: Wird für den Schnitt ein Stoff empfohlen, ist es sinnvoll, sich für die richtige Passform auch an diese Empfehlung zu halten. Ist man experimentierfreudig oder wünscht sich eine andere Passform/einen anderen Fall für das Kleidungsstück, ist es ratsam, vor Ort Stoff zu kaufen, da man hier den Fall testen und den Stoff anfassen kann. Oftmals finden sich im Handel verwirrende Bezeichnungen für Jersey, die man nicht unbedingt zuordnen kann, und somit auch nicht weiß, ob sich der Stoff für das Projekt eignet. Aufschluss gibt in vielen Fällen die Gewichtsangabe des Stoffs. Je schwerer er ist, desto dicker ist er auch und kann entsprechend des Nähprojekts eingesetzt werden. Im Fachhandel sind die Stoffe meist mit der Stoffzusammensetzung ausgezeichnet und Fachpersonal steht zur Beratung zur Verfügung. Den Stoff anzufassen und live zu sehen, macht oft einen großen Unterschied.
Achte beim Kauf von Jersey auf die vom Hersteller angegebenen Pflegehinweise. Jerseys lassen sich gut waschen und ein Großteil auch im Trockner trocken. Sie sollten allerdings vor dem Vernähen gewaschen werden, da sie je nach Zusammensetzung um ein paar Prozent einlaufen können. Werden verschiedene bedruckte Jerseys gemeinsam gewaschen, ist ein Farbfangtuch ratsam, da einige Jerseys ausbluten können.

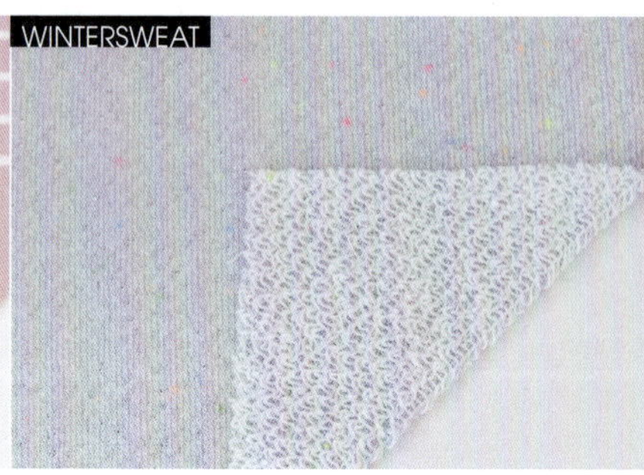

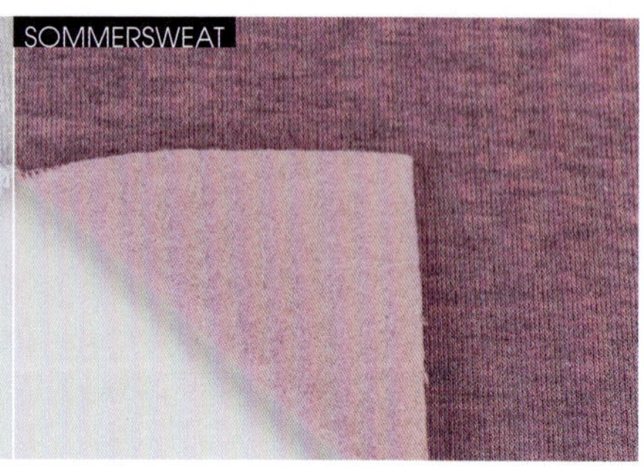

Für eine gute Passform ist korrektes Maßnehmen Voraussetzung. Die Kaufgröße rutscht hier eher in den Hintergrund, da die meisten Menschen nie nur eine Konfektionsgröße haben, und diese zudem stark von Hersteller und Schnittführung abhängig ist.
Um deine Körpermaße möglichst genau zu ermitteln, ist es besser eine zweite Person um Hilfe zu bitten. Natürlich kannst du die meisten Maße aber auch selbst abnehmen. Trage möglichst nur dünne und eng anliegende Unterwäsche, um ein optimales Ergebnis zu erzielen.

MASSTABELLE

Konfektionsgröße	Körpergröße	Brustumfang	Taillenumfang	Hüftumfang
34	168 cm	85 cm	68 cm	90 cm
36	168 cm	88 cm	72 cm	94 cm
38	168 cm	92 cm	76 cm	98 cm
40	168 cm	96 cm	80 cm	102 cm
42	168 cm	100 cm	84 cm	106 cm
44	168 cm	104 cm	88 cm	110 cm
46	168 cm	110 cm	92 cm	114 cm

Mit einem Maßband werden dann folgende Maße genommen:
Brustumfang: Über der stärksten Stelle an der Brust unter den Achseln durch und am Rücken etwas ansteigend messen.
Taillenumfang: An der schmalsten Stelle am Rumpf die Taille über dem Bauchnabel messen.
Hüftumfang: Waagerecht über der breitesten Stelle am Gesäß messen.

Passen die ermittelten Maße zu verschiedenen Größen in der Tabelle, orientierst du dich für Pullover, Jacken, Kleider, Shirts und Tops am Brustumfang und für Hosen und Röcke am Hüftumfang. Ab und an ist es notwenig, Kleidung an bestimmten Stellen der Schnittteile an die individuellen Maße anzupassen.
Das eigene Empfinden der perfekten Passform spielt auch eine ganz große Rolle. Nicht jeder interpretiert die richtige Passform für sich persönlich gleich. Die einen finden es etwas weiter perfekt, für die anderen ist das wiederum überhaupt nicht der Fall. Somit ist es schwer, pauschal eine Aussage über die perfekte Passform zu treffen.

Letztendlich ist die beste Referenz für die Passform die Anfertigung eines Probestücks. Dieses sollte idealerweise aus dem Material, aus dem auch das finale Kleidungsstück entstehen soll, genäht werden.
Solltest du etwas an der Passform ändern wollen, ist es sehr wichtig nicht einfach an manchen Stellen auf die Nahtzugabe zu verzichten. Das Weglassen der Nahtzugabe verfälscht die Proportionen und führt zu keinem zufriedenstellenden Ergebnis.

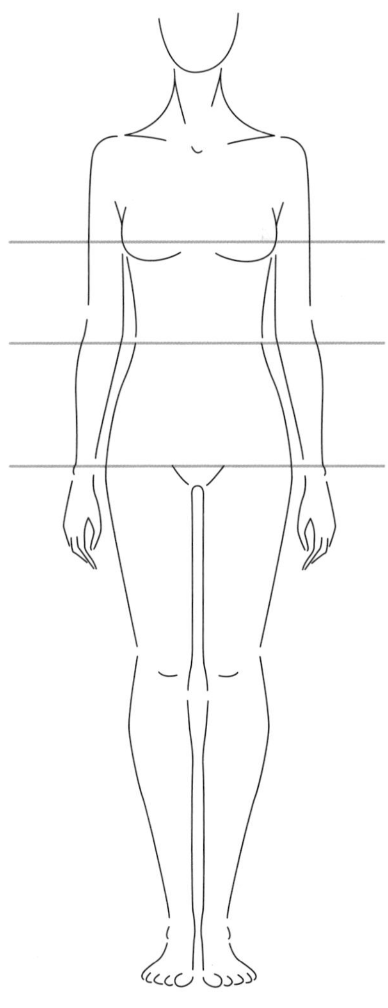

Alle im Buch vorhandenen Schnitte sind auf eine Körpergröße von 168 cm ausgelegt. Das Verlängern oder Kürzen von Ober- und Unterteilen ist aber ganz einfach, wenn man ein paar Dinge beachtet.
Fehlen an einem Schnittteil wenige Zentimeter oder ist das Schnittteil zu lang, kann durch einfaches Hinzufügen oder Kürzen am Saum Abhilfe geschaffen werden. Schnitte, die generell leger oder oversized sitzen, können auch auf diese Weise geändert werden. Handelt es sich aber um eine größere Abweichung, würde diese Variante die Passform des Kleidungsstücks verfälschen, da z. B. das Knie bei einer Hose an die völlig falsche Stelle rutschen würde. Oberteile, Ärmel und Hosen können mit Längenänderungen den individuellen Maßen angepasst werden. Wichtig ist darauf zu achten, die Änderungen bei Oberteilen für Vorder- und Rückenteil und bei Hosen für vorderes und hinteres Hosenbein vorzunehmen.

HOSENBEINE

Hosen werden an der Knielinie angepasst. Hierzu verbindest du mit einem Stift die beiden Kniemarkierungen auf deinem Schnittteil mit einem Lineal waagerecht miteinander. Die Linie verläuft im 90° Winkel zum Fadenlauf. Auf dem Schnittteil ebenfalls die Fadenlauflinie von oben bis zum Hosensaum verlängern. Dann das Schnittteil an der Knielinie auseinander schneiden. Die beiden Teile zum Verlängern um die gewünschten Zentimeter auseinanderschieben, ein Papier hinterlegen und mit ein paar Klebestreifen fixieren. Anschließend die Nahtlinie an den Außenkanten harmonisch verlaufend neu einzeichnen. Für das Kürzen die beiden Teile um die zu kürzenden Zentimeter überlappend aufeinanderlegen. Die verlängerte Fadenlauflinie muss dabei wieder genau aufeinandertreffen. Anschließend auch hier die Nahtlinie harmonisch verlaufend neu einzeichnen.

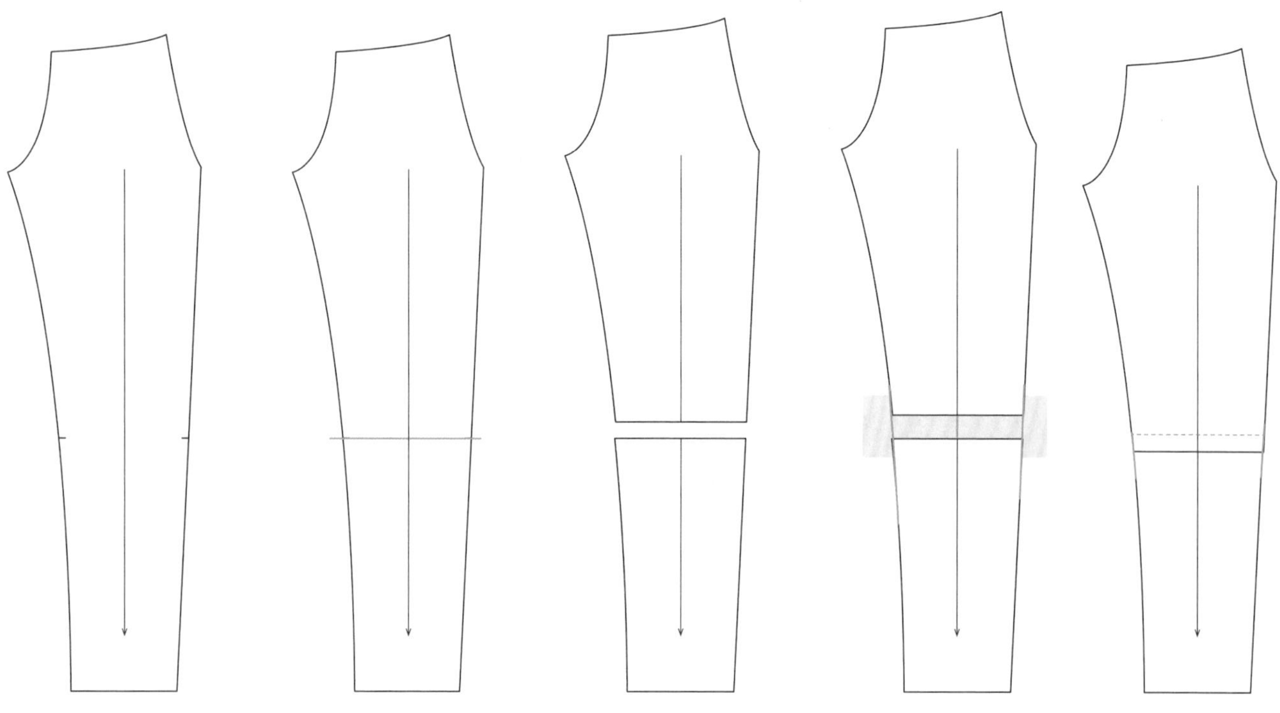

OBERTEILE UND ÄRMEL

Oberteile werden an der Taillenlinie und Ärmel an der Ellenbogenlinie (Passzeichen findest du hierfür in jedem Schnittmuster) auf dieselbe Weise angepasst wie die Hosenbeine.

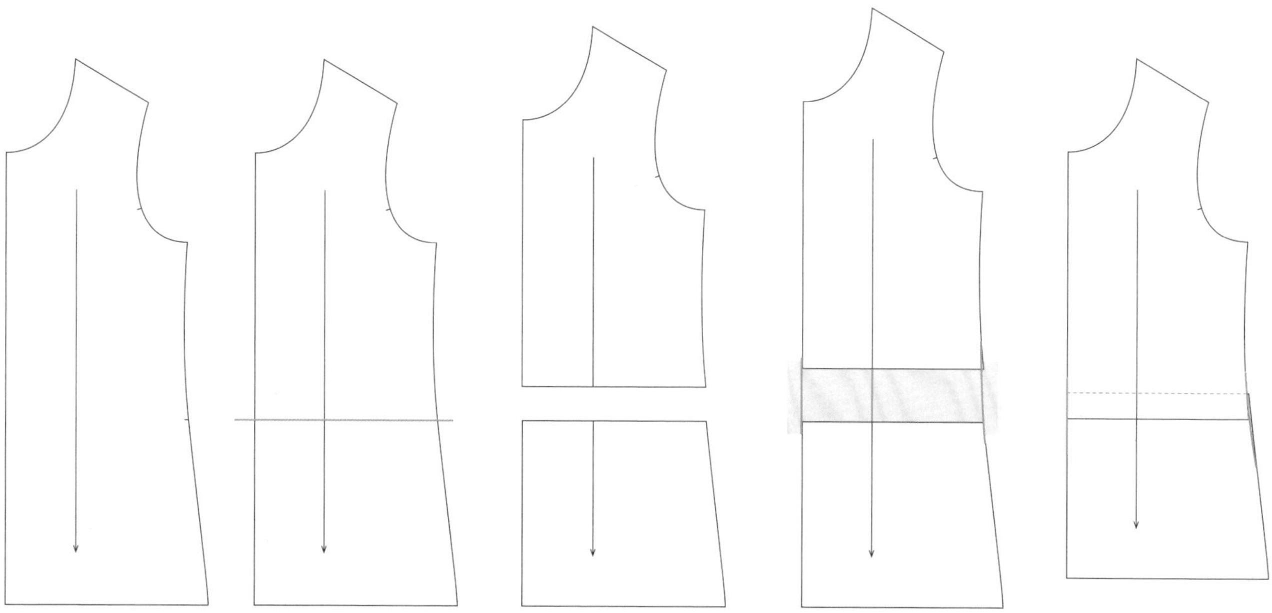

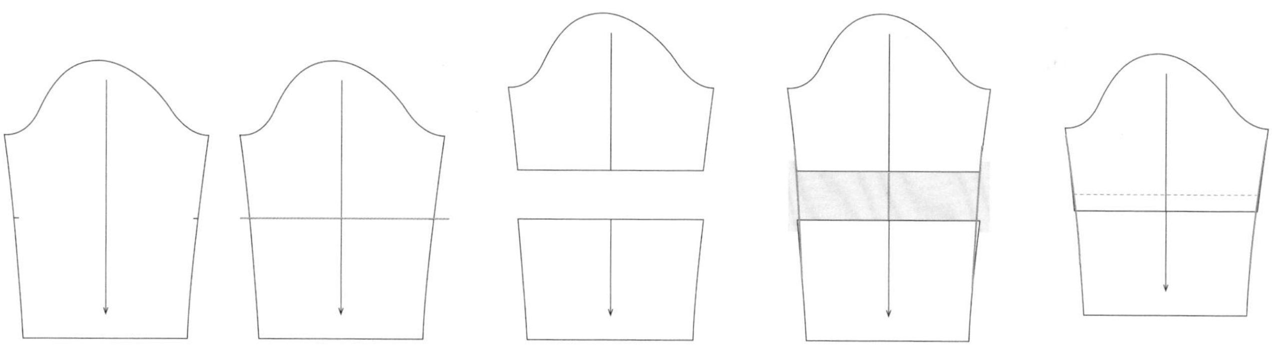

GRÖSSENSPRÜNGE

Der große Vorteil eines Mehrgrößenschnittes ist, dass man zur Not die Größe individuell an die ermittelten Maße anpassen kann. Entspricht dein Brustumfang beispielsweise einer Größe 36 und für den Hüftumfang hast du eine 38 ermittelt, ist es möglich, mit einer harmonisch verlaufenden Linie von 36 im Brustbereich auf eine 38 im Hüftbereich zu wechseln. Liegst du mit deinen Maßen genau zwischen zwei Größen, kannst du die Nahtlinie auch genau zwischen den beiden Größen einzeichnen. Achte aber darauf, dass du auch alle anderen Schnittteile, die die Änderung betreffen, wie z. B. den Ärmel, entsprechend anpasst.

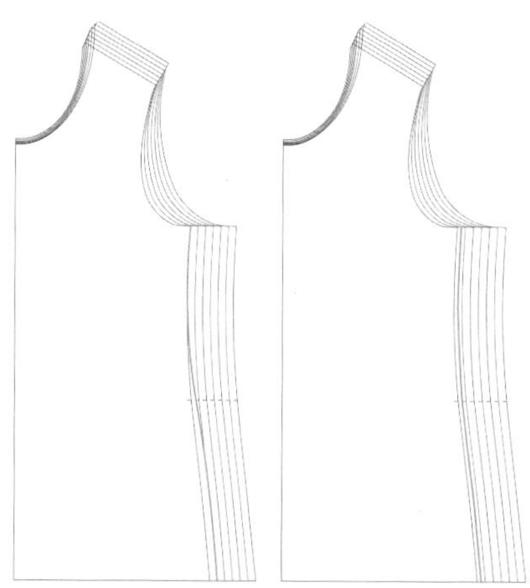

NÜTZLICHE NÄHHELFER

Im Fachhandel ist eine große Auswahl an Nähhelfern erhältlich. Viele erleichtern den exakten Zuschnitt und das Nähen von Kleidung maßgeblich.

Das **Maßband** wird zum Vermessen von Körpermaßen und auch gebogenen Strecken wie z. B. eines Ausschnitts verwendet. Das **Handmaß** hat zusätzlich noch verschiedene Markierungen, die das Anzeichnen von Naht- und Saumzugaben an Kleidungsstücken erleichtern.

Für das Anzeichnen von diversen Markierungen kannst du eine klassische **Schneiderkreide** oder einen **Trickmarker** verwenden. Beides lässt sich später rückstandslos entfernen. Teilweise können Markierungen auch durch Einknipsen der Nahtzugabe auf den Stoff übertragen werden.

Stecknadeln findest du in vielen Varianten im Fachhandel. Sie dienen im Wesentlichen zum Fixieren mehrerer Stofflagen, damit beim Zusammennähen nichts verrutschen kann. Alternativ zu Stecknadeln, die den Stoff verletzen können, wenn sie keine abgerundete Spitze haben, kommen immer häufiger **Wonder-Clips** zum Einsatz. Sie ähneln kleinen Wäscheklammern und habe viele Vorteile. Beispielsweise können auch Materialien wie Seide oder Leder problemlos zusammengesteckt werden, ohne dass am Ende Löcher im Stoff bleiben, aber auch viele oder dicke Stoffschichten lassen sich so problemlos aufeinander fixieren.

Eine Schneidematte, Rollscheider, Stoffschere, Fadenschere und Nahttrenner sind unverzichtbare Helfer beim Nähen von Kleidung. Beim **Rollschneider** solltest du darauf achten, immer mit einer scharfen Klinge zu arbeiten. Nutzt du diese ausschließlich für Stoff und als Unterlage eine **Scheidematte**, wirst du sehr lange Freude daran haben. Für die **Stoffschere** gilt genauso wie für den Rollscheider, dass nichts anderes damit geschnitten werden darf, sonst sind beide relativ schnell stumpf. Die **Fadenschere** ist kleiner und feiner und somit wunderbar geeignet, um kleine überstehende Fäden zu entfernen ohne den Stoff zu verletzen. Der **Nahttrenner** ist ein sehr praktischer aber unbeliebter Helfer, denn meist bedeutet sein Einsatz, dass eine fehlerhafte Naht aufgetrennt und ein weiteres Mal genäht werden muss.

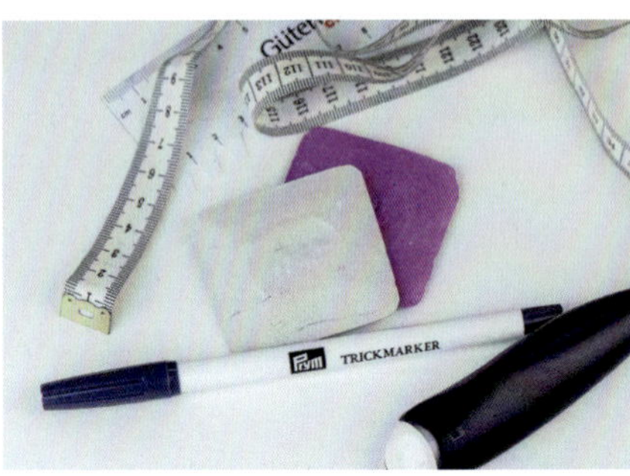

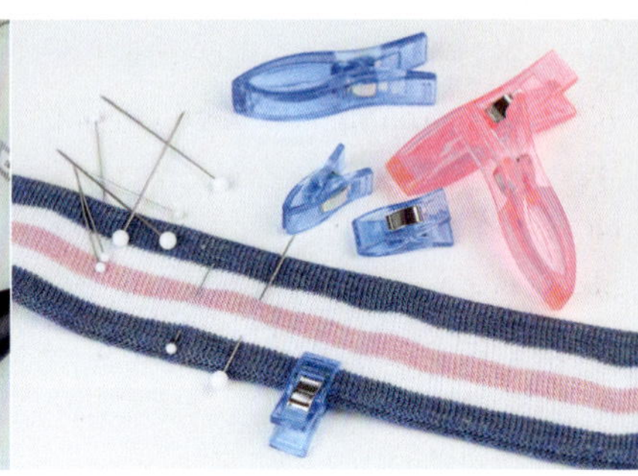

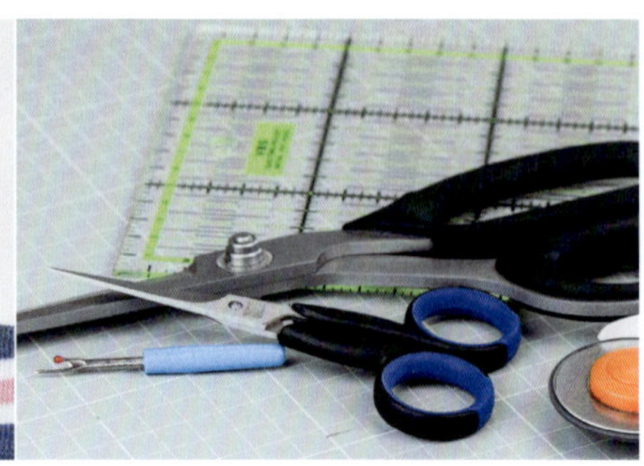

SCHNITTMUSTER

Die Schnittmuster zu den Modellen findest du auf den beiliegenden Schnittmusterbogen.
Hast du deine Größe ermittelt, benötigst du die passenden Schnittteile für den Zuschnitt deines Stoffs. Um diese vom Schnittmusterbogen zu kopieren, gibt es verschiedene Möglichkeiten:

ÜBERTRAGEN MIT PACK- ODER KOPIERPAPIER

Das Papier unter den Schnittmusterbogen legen und mithilfe eines Kopierrädchens die gewählte Größe übertragen.

ÜBERTRAGEN MIT SEIDENPAPIER

Hier gibt es im Handel große Bogen. Diese mit der stumpfen Seite nach oben auf den Schnitt legen und die entsprechende Größe mit einem Stift und eventuell einem Lineal auf das Seidenpapier übertragen. Um das Wegrutschen des Papiers zu verhindern, kannst du das Seidenpapier mit etwas Tape auf dem Schnittmusterbogen befestigen.

Eine günstige Alternative zu den beiden vorangegangenen Varianten ist Malerfolie aus dem Baumarkt.

PASSZEICHEN/KNIPSE

Achte darauf, alle Passzeichen/Knipse zu übertragen. Sie zeigen dir, wie die Teile zusammengenäht werden müssen, z.B. welche Stelle des Ärmels auf die Schulternaht trifft.

NAHT- UND SAUMZUGABEN

Naht- und Saumzugaben sind notwendig, um die Schnittteile entsprechend der Anleitung überhaupt zusammennähen zu können. Sie bezeichnen den zusätzlichen Stoff, der über die Nahtlinie hinaus an jedem Schnittteil hinzugegeben wird.

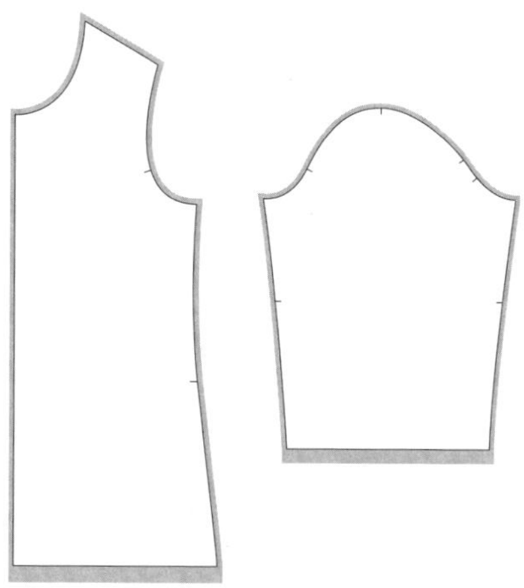

Die Schnittmuster auf den Bogen enthalten keine Naht- und Saumzugaben. Für die Haushaltsnähmaschine sind Nahtzugaben von 0,5–1,5 cm und Saumzugaben von 2–4 cm üblich. Nähst du deine Kleidung mit der Overlock, wählst du die Nahtzugabe entsprechend der Stichbreite. Füge den Schnittteilen die Naht- und Saumzugaben am besten gleich beim Abpausen der Schnittmuster hinzu.

ZUSCHNEIDEN

Die fertigen Schnittteile dann auf die linke Seite des Stoffs legen, anzeichnen und zuschneiden.
Jerseys lassen sich am besten auf einer Schneidematte mit einem Rollschneider zuschneiden.
Wichtig ist, beim Zuschnitt auf den Maschen- bzw. Fadenlauf zu achten und den Stoff nicht zu dehnen. Stoff und Schnitt können mit Gewichten beschwert werden, um ein Verrutschen zu verhindern. Die Kanten von Jersey rollen sich je nach Stoffart gerne ein, was Zuschnitt und Verarbeitung erschwert. Dem kannst du aber entgegenwirken, indem du z.B. mit Stecknadeln die Kanten aufeinandersteckst oder mit Sprühstärke verstärkst.

STOFFBRUCH

Einige Schnittteile haben an der Mittellinie die Bezeichnung „Stoffbruch". Diese Teile werden im Stoffbruch zugeschnitten, d.h. der Stoff wird rechts auf rechts entlang des Fadenlaufs, also parallel zur Webkante, aufeinandergelegt, das Schnittteil an diesen Stoffbruch angelegt und zugeschnitten.
Hosenbeine und Ärmel werden meist zweimal aber gegengleich benötigt und deshalb in doppelter Stofflage zugeschnitten. Hierzu legst du den Stoff rechts auf rechts, legst dein Schnittteil auf – aber NICHT an den Stoffbruch – und schneidest gleichzeitig beide Stofflagen zu, so entstehen z.B. linker und rechter Ärmel.

ÄRMEL- BZW. BEINBÜNDCHEN ANNÄHEN

1 Die zugeschnittenen Bündchen rechts auf rechts falten, sodass die Längsseiten aufeinanderliegen, und zusammenstecken. Die Längsseiten mit einem elastischen Stich zusammennähen, sodass ein Schlauch entsteht. Hierfür kannst du entweder die Overlock oder beispielsweise den dreifachen Geradstich deiner Haushaltsnähmaschine nutzen. Der dreifache Geradstich ist elastisch und hat den Vorteil, dass sich die Nahtzugaben auseinanderbügeln lassen, und die Bündchen an den Nähten nicht so dick werden.

2 Die Bündchen auf rechts wenden, sodass die offenen Kanten aufeinanderliegen. Der Stoff liegt nun doppelt, die Naht an der Kante und innen exakt aufeinander.

3 Die Bündchen rechts auf rechts an den Ärmel oder das Hosenbein stecken. Die Innenarm- bzw. Innenbeinnaht und die Bündchennaht treffen dabei aufeinander.

4 Beim anschließenden Festnähen das Bündchen so weit dehnen, dass Ärmel oder Hosenbein flach liegen.

Die Arbeitsschritte für das zweite Hosenbein bzw. den zweiten Ärmel wiederholen.

HALSBÜNDCHEN ANNÄHEN

1 Die Längskanten des Halsbündchens – abzüglich der Nahtzugaben – mit Knipsen in Viertel unterteilen. Halsbündchen rechts auf rechts zu einem Ring legen und an den kurzen Seiten zusammenstecken. Die kurzen Seiten zusammennähen.

2 Das Bündchen links auf links zur Hälfte falten, sodass die offenen Längskanten aufeinanderliegen. Dann an den Knipsen mit Clips oder Stecknadeln zusammenstecken.

3 Die vordere und hintere Mitte am Halsausschnitt mit einem Knips markieren. Diese Markierungen aufeinanderlegen und an den Faltkanten, die dabei entstehen, jeweils einen weiteren Knips anbringen, um den Halsausschnitt in Viertel zu unterteilen. Mithilfe der Knipse das Halsbündchen mit der Naht auf der hinteren Mitte des Halsausschnitts und anschließend ringsum gleichmäßig rechts auf rechts feststecken.

4 Das Halsbündchen unter gleichmäßigem Dehnen an den Halsausschnitt nähen.

SAUMBÜNDCHEN AM PULLOVER

1 Saumbündchen rechts auf rechts zu einem Ring zusammenstecken und an den kurzen Seiten zusammennähen.

2 Saumbündchen links auf links doppelt legen, sodass die offenen Längskanten aufeinanderliegen, und hier die Seiten und die vordere und hintere Mitte mit Stecknadeln oder Clips markieren. Gibt es am Schnittteil keine Knipse, das doppelt gelegte Bündchen mit Stecknadel- oder Clips-Markierungen vierteln. Am Pulloversaum die vordere und hintere Mitte mit Knipsen markieren.

3 Das Saumbündchen mithilfe der Knipse gleichmäßig rechts auf rechts an den Pulloversaum stecken und annähen.

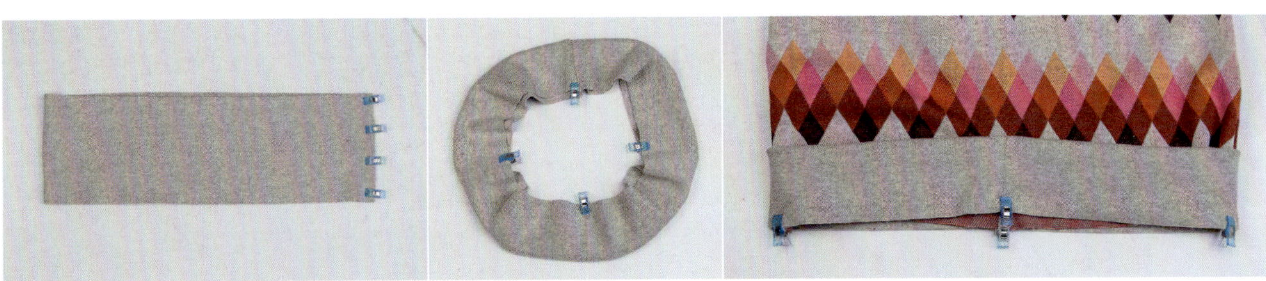

EINFACHES SÄUMEN

Der klassische Saum und damit die Saumzugabe, die bei den Kleidungsstücken in diesem Buch hinzuzufügen ist, ist 2–3 cm breit. Soll der Saum doppelt eingeschlagen werden, muss auch die Saumzugabe doppelt so breit sein, also 4–6 cm.

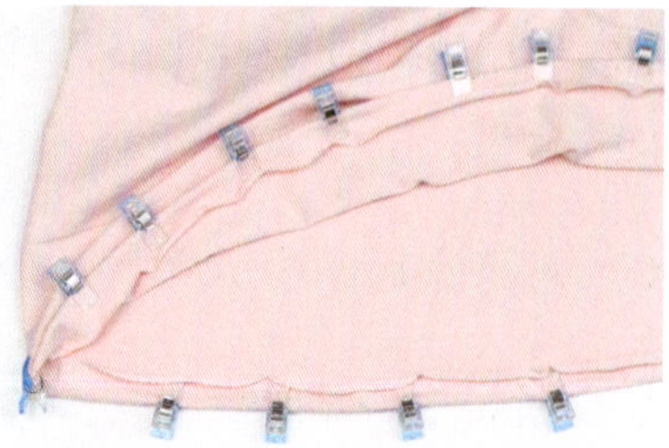

1 Falls nötig, die Saumkante versäubern, das ist aber nicht bei jedem Jersey notwendig. Die Saumzugabe ringsum nach links bügeln, dabei darauf achten, den Saum nicht zu dehnen. Dann den Saum von rechts mit Stecknadeln oder Klammern fixieren.

2 Die Saumzugabe mit einem elastischen Stich, einer Zwillingsnadel oder der Coverlock absteppen.

TIPP: Kleidungsstücke aus Jersey müssen aufgrund ihrer Dehnbarkeit auch dehnbare Säume haben. Hast du eine Coverlock, kommt diese zum Einsatz. Bei der Haushaltsnähmaschine verwendest du besonders elastische Stiche.

ANGESETZTES SAUMBÜNDCHEN MIT GUMMI

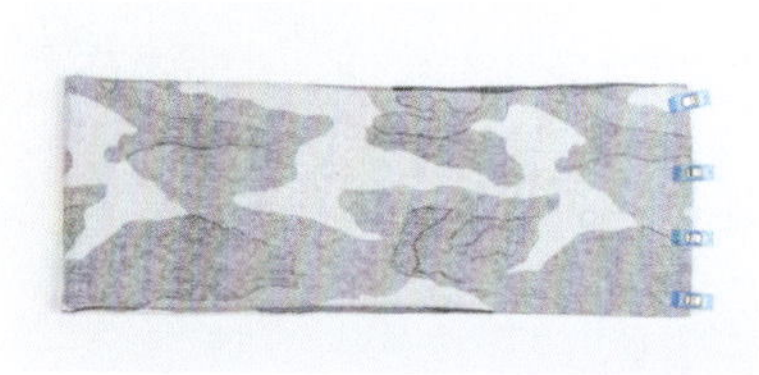

1 Das Saumbündchen rechts auf rechts zu einem Ring legen und an den kurzen Seiten zusammennähen.

2 Ein Stück Gummiband in der angegebenen Breite und passenden Länge zuschneiden und mit einem Zickzack-Stich zu einem Ring zusammennähen.

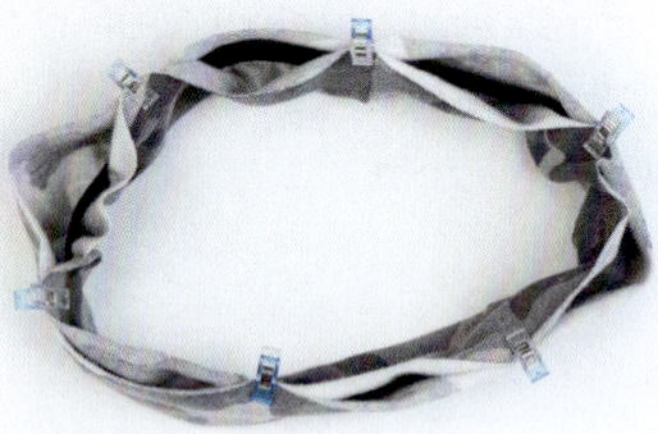

3 Das Saumbündchen links auf links zur Hälfte falten, sodass die Längskanten aufeinanderliegen. Das Gummiband in das Saumbündchen einlegen und die offenen Stoffkanten an den Knipsen zusammenstecken.

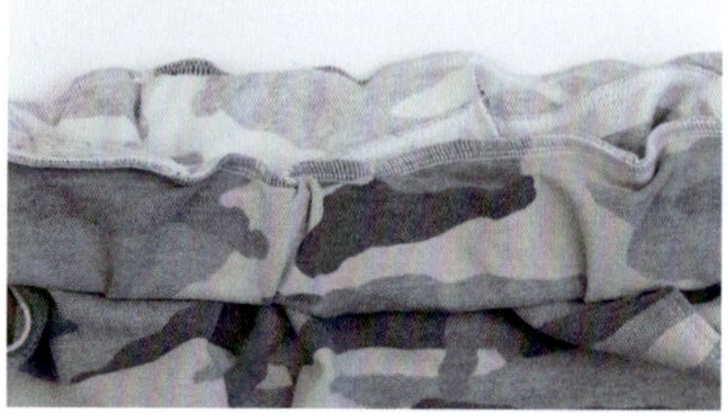

4 Das Saumbündchen rechts auf rechts an die Oberkante der Hose oder des Rocks stecken und annähen, dabei musst du das Gummi und das Saumbündchen so weit dehnen, dass du den Bund flach annähen kannst.

SAUMBÜNDCHEN MIT GÜRTELSCHLAUFEN

Die Hosen in diesem Buch sind so konstruiert, dass sie völlig ohne Reißverschluss oder Knopfleiste funktionieren. Das macht sie besonders anfängertauglich und sehr bequem zu tragen. Für die Culotte (aber auch für die Casual Pants und alle Röcke im Buch) gibt es optional ein Schnittteil für Gürtelschlaufen, um sie mit einem wunderschönen Ledergürtel oder einem schicken Band als Gürtelersatz besonders ausgehtauglich zu gestalten.
Das Saumbündchen wird hierzu genau so genäht, wie auf Seite 130 bis einschließlich Schritt 3 beschrieben. Für den richtigen Zuschnitt der Gürtelschlaufen muss an den langen Seiten des Schnittteils jeweils 1 cm Nahtzugabe hinzugegeben werden.

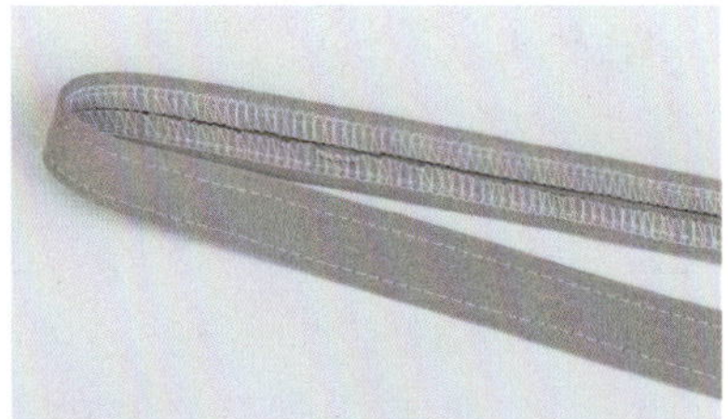

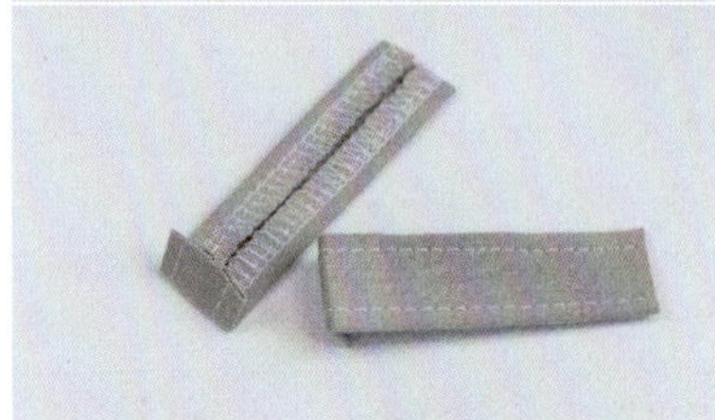

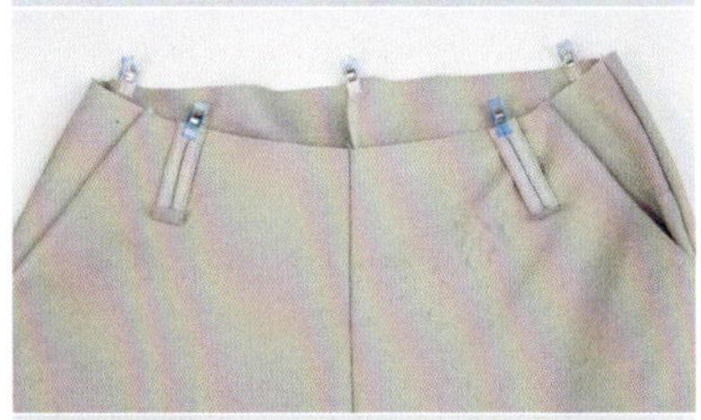

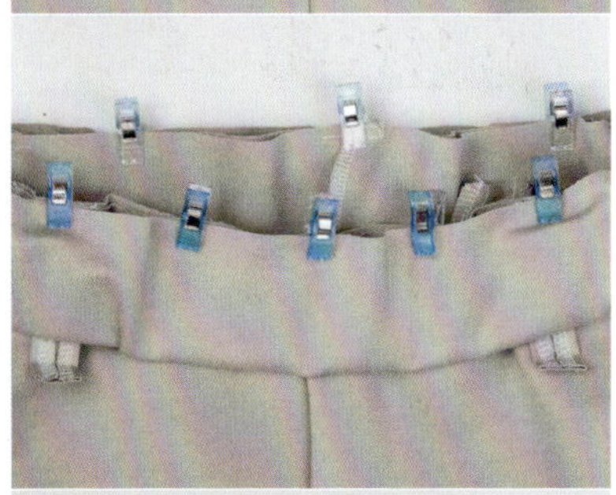

1 Den zugeschnittenen Streifen an den beiden langen Seiten versäubern und dann diese Seiten ca. 1 cm breit nach links bügeln. Anschließend die umgebügelten Seiten schmalkantig absteppen.

2 Den Streifen den Markierungen entsprechend in sechs einzelne Gürtelschlaufen zerschneiden und an jeder Schlaufe an einer kurzen Seite die Nahtzugabe nach links bügeln.

3 Je nach Wunsch 5 bis 6 der Gürtelschlaufen mit der nicht umgebügelten Seite rechts auf rechts an der Oberkante der Hose oder des Rocks verteilt feststecken und innerhalb der Nahtzugabe mit einem Geradstich annähen, sodass sie nicht verrutschen können.

4 Saumbündchen rechts auf rechts an die Hosen-/Rock-Oberkante stecken und annähen, dabei musst du das Gummi und das Saumbündchen so weit dehnen, dass du den Bund flach annähen kannst.

5 Die umgebügelte Kante der Gürtelschlaufen am oberen Rand des Saumbündchens mit einem Geradstich knappkantig annähen, dabei Nahtanfang und -ende verriegeln.

HOSENTASCHEN

1 Um zu vermeiden, dass die Hosentaschen abstehen oder ausleiern, kannst du bei elastischen Stoffen auf die linke Seite des Hosenbeins am Tascheneingriff Nahtband aufbügeln.

2 Lege das vordere Hosenbein und den passenden vorderen Taschenbeutel rechts auf rechts aufeinander und nähe sie am Tascheneingriff zusammen. Auf rechts wenden und den Tascheneingriff schmalkantig absteppen.

3 Lege das Hosenbein mit der festgenähten Tasche mit der linken Seite nach oben vor dich hin und die passende hintere Hosentasche rechts auf rechts auf die bereits festgenähte Hosentasche.

4 Stecke die Taschenbeutel aufeinander und nähe nur die Taschenbeutel an der gerundeten Kante zusammen. Eventuell diese Kante anschließend versäubern.

Die Arbeitsschritte für die zweite Hosentasche wiederholen.

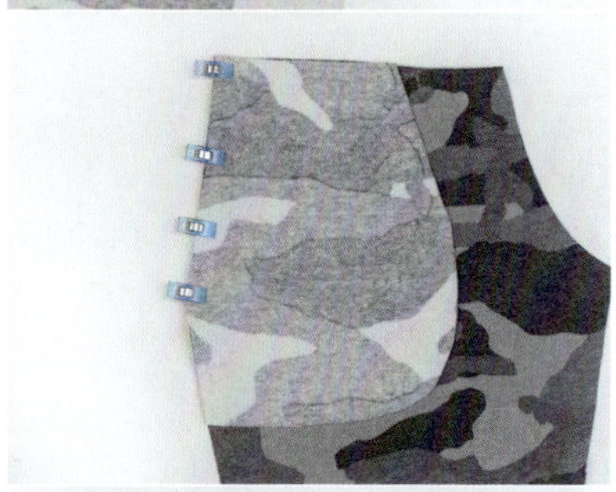

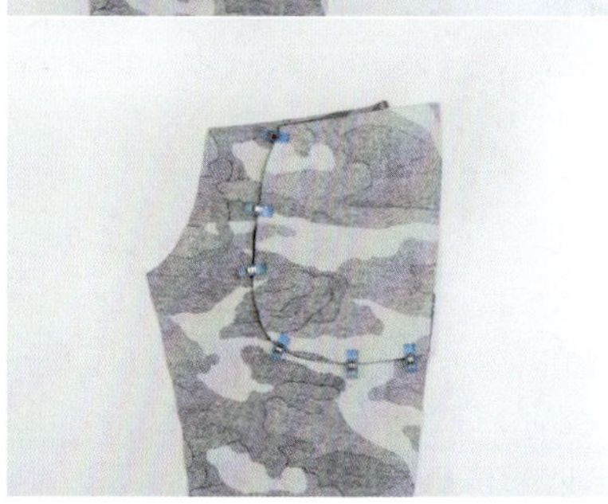

ÖSEN

Ösen sind nicht nur in den unterschiedlichsten Farben, sondern auch in vielen Größen im Fachhandel erhältlich. Sie dienen hauptsächlich an einem Tunnel dazu, eine Kordel einziehen zu können, z.B. an Kapuzen. Ihren Einsatz finden sie aber auch immer häufiger als dekoratives Element, z.B. an Säumen.

Zu den meisten Ösen wird das Werkzeug zum Anbringen bereits mitgeliefert, du brauchst lediglich noch einen Hammer. Im Fachhandel sind aber auch diverse Zangen erhältlich.

1 Gerade bei elastischen Stoffen ist es ratsam, die Stelle, an der die Ösen eingeschlagen werden sollen, zu verstärken. Dafür gibt es mehrere Möglichkeiten:

Möchtest du die Ösen so anbringen, dass auf der rechten Stoff-

seite nur die Öse zu sehen ist, muss von links ein Vlies zur Verstärkung aufgebügelt werden. Auch die im Handel erhältlichen, aufbügelbaren Klebepunkte sind hierfür bestens geeignet.

2 Sichtbare Patches können aus Leder, einem anderen Stoff, Kork oder SnapPap auf der rechten Stoffseite mit Textilkleber fixiert werden. Hierbei kannst du die Form individuell bestimmen. Auch hier die Stelle verstärken und dann die Öse, wie auf der Packung beschrieben, anbringen.

TIPP: In gut sortierten Onlineshops kannst du Ösenpatches bereits fertig in vielen Formen und Farben kaufen.

KORDELENDEN

Kordelenden können, je nach Material, ganz unterschiedlich verarbeitet werden. Eine runde Baumwollkordel, eine Flachkordel, ein Satinband oder ein anderes breites Band (Webbänder, Ripsbänder etc.) können nach Geschmack in einen Tunnel eingezogen werden. Kordelenden können mit Kordelstoppern, diversen Kordelabschlüssen, einfachen Knoten, einem Stück Leder oder einem Schrumpfschlauch abgeschlossen werden.

ENDEN VERSIEGELN

Die Schnittkante eines Satinbandes kannst du mit dem Feuerzeug versiegeln.

EINFASSEN MIT KORK, SNAPPAP ODER LEDER

1 Schneide zwei ca. 7 x 7 cm (je nach Dicke der Kordel mehr oder weniger) große Stücke aus Leder o.Ä. zu. Das Kordelende eventuell mit einem Stück Klebeband umwickeln, auf die linke Seite des Lederstücks legen und rundherum Textilkleber aufbringen.

2 Das Lederstück links auf links zusammenfalten und so das Kordelende darin einschließen. Das Leder dicht an der Kordel mit Clips fixieren.

3 Mit dem Reißverschlussfüßchen erst dicht an der Kordel entlang- und dann die kurze Seite zusammennähen. Den überstehenden Teil des Leders knapp neben der Naht abschneiden.

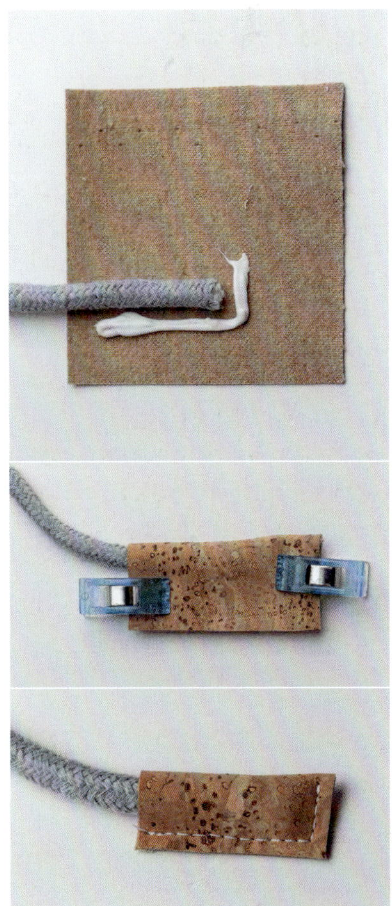

EINFASSEN MIT SCHRUMPFSCHLAUCH

Der Schrumpfschlauch ist eine einfachere Alternative und in verschiedenen Ausführungen erhältlich. Er kann sowohl für flache als auch für runde Kordeln verwendet werden.

1 Ein Stück Schrumpfschlauch in der gewünschten Länge abschneiden und über das Kordelende schieben.

2 Dann muss der Schlauch erhitzt werden, damit er schrumpft und sich eng um das Kordelende zieht. Hierfür kannst du einen Heißluftföhn oder das Bügeleisen verwenden. Beim Bügeln solltest du unter und über den Schrumpfschlauch einen Baumwollstoff legen. Wird das Bügeleisen ein paar Mal mit ordentlich Druck auf das Kordelende gepresst, umschließt der Schlauch das Kordelende fest. Überstände werden anschließend abgeschnitten.

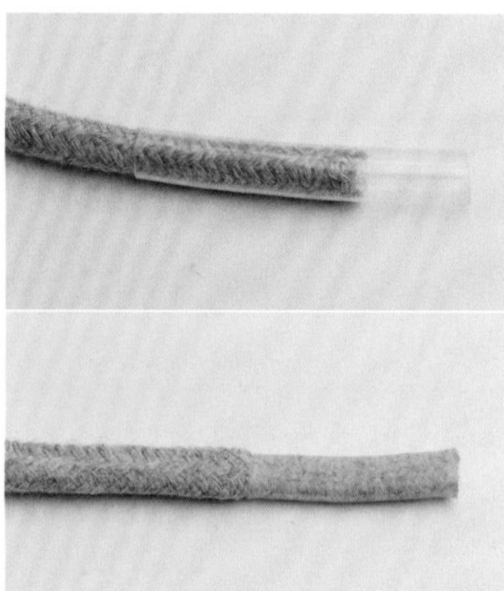

KNOPFLÖCHER NÄHEN

Knopflöcher bereiten einem oft ordentlich Kopfzerbrechen, aber das ist eigentlich nicht nötig.
Knopflöcher und Knopfposition sind auf den entsprechenden Schnittteilen eingezeichnet. Die gängigen Nähmaschinenmodelle haben ein oder mehrere Knopflochprogramme, teilweise sogar einen extra Knopflochfuß.
Für ein sauberes Knopfloch – gerade bei elastischen Stoffen – empfiehlt es sich, den Stoff mit einer Bügeleinlage zu verstärken (z.B. Vlieseline H 180/200) und ggf. ein Stück ausreißbares Stickvlies beim Nähen des Knopflochs unter den Stoff zu legen.
Die Größe des Knopflochs ergibt sich durch den Durchmesser des Knopfs und seine Dicke. Hat der Knopf beispielsweise einen Durchmesser von 25 mm und eine Dicke von 2 mm, muss das Knopfloch ca. 30 mm groß sein. Dabei rechnet man: Knopfdurchmesser + 2x Knopfdicke + 1 mm Zugabe für die Riegel.
Bei Damenkleidung werden Knopflöcher auf der rechten Jacken- oder Hosenseite eingenäht, Knöpfe entsprechend auf der linken Seite angenäht.

TIPP: Unbedingt ein hochwertiges Garn verwenden und an einem Stück des Originalstoffs ein Probeknopfloch nähen.

1 Die Position des Knopflochs anzeichnen und gegebenenfalls mit einem Heftstich markieren.

2 Das Knopfloch mithilfe des Knopflochprogramms nähen. In die Riegel am Anfang und Ende des Knopflochs jeweils eine Stecknadel stecken, um zu verhindern, dass hier die Naht beim Aufschneiden des Knopflochs beschädigt wird. Dann das Knopfloch mit dem Nahttrenner oder einer kleinen spitzen Schere aufschneiden.

3 Den Knopf probehalber durch das Knopfloch stecken, um zu überprüfen, ob alles passt.

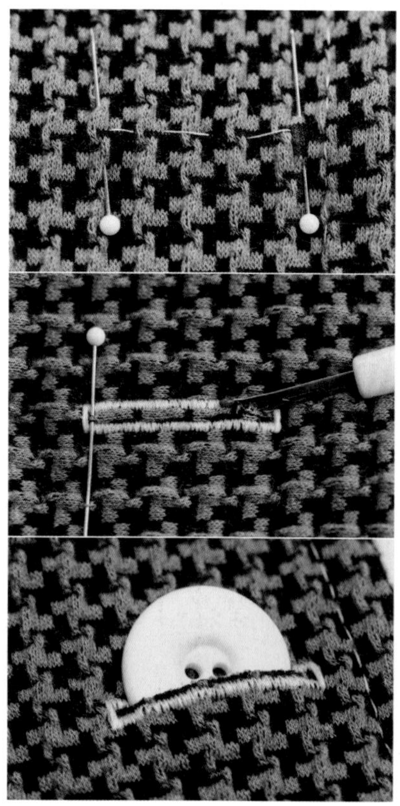

KNÖPFE ANNÄHEN

Nachdem alle Knopflöcher genäht sind, werden die Knopfleisten des Kleidungsstücks passgenau aufeinandergelegt. Du kannst sie auch mit ein paar Clips fixieren, sodass nichts verrutscht.

1 Mit einer Stecknadel mittig durch das Knopfloch stechen und so die Stelle für das Knopfloch markieren. Wenn alle Knopfpositionen auf diese Weise markiert sind, die Seite mit den Knopflöchern vorsichtig abheben und die Nadeln feststecken.

2 Dann an den Einstichstellen der Stecknadeln die Knöpfe von Hand annähen. Einige moderne Nähmaschinen verfügen aber auch über einen Nähfuß, der den Knopf vollautomatisch annäht.

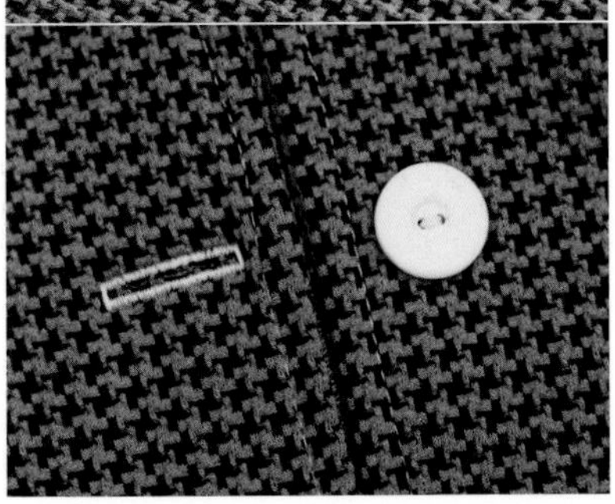

PLOTTERMOTIVE

Um deinen Athleisure-Look zu komplettieren, habe ich für dich Plottermotive entwickelt, die du auf den verschiedensten Kleidungsstücken anbringen kannst. Du findest sie in der TOPP Digitalen Bibliothek (Freischaltcode siehe Seite 141).

Drucke das Motiv mit einem Hobbyplotter spiegelverkehrt auf der gewünschten Textilfolie aus. Anschließend werden alle nicht benötigten Teile entfernt (entgittert).

Mithilfe eines Bügeleisens oder einer Transferpresse wird das Motiv an der gewünschten Stelle angebracht, dabei bitte die jeweiligen Herstellerhinweise beachten.

Die Plottermotive zu diesem Buch findest du nach erfolgreicher Registrierung in unserer TOPP Digitalen Bibliothek:

www.topp-kreativ.de/digibib

Den Freischaltcode findest du im Impressum.

ABSTEPPEN Das Nähen einer oder mehrerer Nähte auf der rechten Stoffseite zur Verzierung oder Stabilisierung von zwei zusammengenähten Stoffkanten.

BELEG Mit einem Beleg werden Stoffkanten versäubert. Belege werden meist verstärkt, haben dieselbe Form wie die Stoffkante und werden nach dem Annähen nach innen verstürzt.

BRUSTABNÄHER Eine im Vorderteil eingenähte Falte, um die Passform an der Brust zu optimieren.

BÜGELEINLAGE/BÜGELVLIES Ein mit Kleber beschichteter Vliesstoff, der zur Verstärkung auf die linke Seite eines Stoffs aufgebügelt wird. Es gibt eine Vielzahl verschiedener Bügeleinlagen für unterschiedliche Verwendungszwecke.

DOPPELTE STOFFLAGE In doppelter Stofflage werden Schnittteile zugeschnitten, die sowohl für die rechte als auch die linke Seite benötigt werden. Bei Hosenbeinen wird beispielsweise der Stoff doppelt gelegt und anschließend das Schnittteil durch beide Stofflagen zugeschnitten. Man erhält so ein rechtes und ein linkes Hosenbein.

DURCHZIEHNADEL Eine stumpfe Nadel mit einem großen Öhr, um Kordeln, Bänder und Gummis bis zu einer gewissen Breite in Tunnel und Säume einziehen zu können. Ist das Band oder das Gummi zu breit, kann das Einfädeln auch mit einer größeren Sicherheitsnadel erfolgen.

EINKÜRZEN Das Zurückschneiden der Nahtzugabe mit einer kleinen spitzen Schere. Nach dem Wenden bzw. Verstürzen von Stoffkanten wird so die Naht flacher. Besonders bei Rundungen ist dies sinnvoll.

EINREIHEN/KRÄUSELN Von Einreihen oder auch Kräuseln spricht man, wenn eine Stoffbahn in viele kleine Fältchen gelegt wird, um sie auf eine bestimmte Strecke zu kürzen. So werden z.B. Rockteile gerafft, um sie anschließend an das Saumbündchen annähen zu können.

FADEN-/MASCHENLAUF Der Faden- bzw. Maschenlauf beschreibt die Stoffrichtung, die beim Zuschnitt beachtet werden muss. Bei gewebten Stoffen verläuft der Fadenlauf entlang der Kettfäden, bei gestrickten Stoffen entlang des Maschenstäbchens – bei beiden Stoffarten ist das parallel zur Stoffkante. In Richtung des Fadenlaufs sind Stoffe weniger dehnbar.

KLEBEPUNKTE ZUM AUFBÜGELN Sie dienen als Verstärkung des Stoffs, sodass Druckknöpfe oder Ösen nicht ausreißen können. Sie werden auf die linke Stoffseite aufgebügelt und sind nach dem Einschlagen des Druckknopfs oder der Öse meist nicht mehr zu sehen.

LINKS AUF LINKS Zwei Stücke Stoff liegen so aufeinander, dass die beiden linken Seiten innen aufeinanderliegen und die beiden rechten Seiten jeweils von außen zu sehen sind.

NAHTZUGABE Die Nahtzugabe ist die Stoffzugabe von der Nahtlinie bis zur Schnittkante. Klassisch beträgt diese 1 cm. Wird ein Kleidungsstück aber komplett mit der Overlock genäht, kann die Nahtzugabe auch nur 0,7 cm betragen.

NÄHFUSSDRUCK Der Druck, der vom Nähfuß beim Nähen auf den Stoff ausgeübt wird, wenn der Transporteur ihn bewegt. An den meisten Nähmaschinen lässt sich der Druck des Nähfußes einstellen und somit individuell auf die Eigenschaften des Stoffes anpassen.

PASSZEICHEN Diese Zeichen werden umgangssprachlich auch Knipse genannt. Es sind Markierungen entlang der Nahtlinie auf dem Schnittmuster. Sie müssen exakt auf den zugeschnittenen Stoff übertragen werden und beim Zusammennähen passgenau aufeinandertreffen.

RECHTS AUF RECHTS Zwei Stücke Stoff liegen so aufeinander, dass die beiden rechten Seiten innen aufeinanderliegen und die beiden linken Seiten jeweils von außen zu sehen sind.

ROLLWEITE Für die meisten Kragenvarianten ist diese Mehr- bzw. Rollweite für den Oberkragen notwenig, damit der Unterkragen am fertigen Kleidungsstück nicht zu sehen ist.

SAUMZUGABE Als Saumzugabe bezeichnet man den Stoff, der an der unteren Schnittkante von z.B. Shirts oder Röcken hinzugegeben wird und nach innen geschlagen und abgesteppt, später nicht mehr sichtbar ist. Die klassische Saumzugabe beträgt je nach Projekt und persönlichem Geschmack 2 bis 4 cm.

SNAPPAP Das Material besteht aus einer Mischung aus Zellulose und Latex und wird auch als veganes Leder bezeichnet. SnapPap ist für viele Bereiche geeignet. Es ist griffig wie Kraftpapier, lässt sich super vernähen, plotten und waschen.

STICKVLIES Stickvlies ist in verschiedenen Varianten erhältlich, zum Ausreißen, Auswaschen oder zum Abschneiden. Gerade für Knopflöcher oder Applikationen eignet sich nähbares und ausreißbares Stickvlies hervorragend. Es ermöglicht ein sauberes Stichbild und verhindert, dass der Stoff von der Nähmaschine „gefressen" wird.

STOFFBRUCH Der Stoffbruch ist die Falte, die sich ergibt, wenn ein Stoff doppelt gelegt wird. Ist ein Schnittteil „im Stoffbruch" zuzuschneiden, wird das Schnittmuster für ein halbes Schnittteil (z.B. die Hälfte des Vorderteils) an den Stoffbruch angelegt und zugeschnitten, sodass man ein komplettes, symmetrisches Schnittteil erhält (z.B. ein komplettes Vorderteil).

TRICKMARKER Ein Stift mit dem sich sauber Passzeichen, Knopfloch- und Ösenpositionen oder andere Markierungen auf Stoff übertragen lassen. Die Farbe des Stifts verschwindet nach einiger Zeit und ist somit eine echte Alternative zu klassischer Schneiderkreide.

VERRIEGELN Um zu vermeiden, dass eine Naht am Anfang und/oder Ende wieder aufgeht, wird diese verriegelt. Darunter versteht man, dass mit einigen Stichen vorwärts und rückwärts auf der Nahtlinie genäht wird.

VERSTÜRZEN Das Wenden von genähten Sachen auf die rechte Seite, z.B. einer Mütze, oder das Umschlagen eines Belegs nach innen, sodass dieser von außen nicht mehr zu sehen ist.

VERSÄUBERN Das Umnähen der Stoffkante von gewebten Stoffen. Es schützt die Stoffkante und gibt ihr Stabilität. Bei gestrickten Stoffen ist dies nicht immer notwendig.

Buchempfehlungen für Dich

Noch mehr kreative Bücher zum gleichen Thema gesucht?

ISBN 978-3-7724-8158-1

ISBN 978-3-7724-6488-1

ISBN 978-3-7724-XXXX-X

ISBN 978-3-7724-8145-1

ISBN 978-3-7724-6467-3

ISBN 978-3-7724-8166-6

ISBN 978-3-7724-4808-9

ISBN 978-3-7724-8154-3

ISBN 978-3-7724-8146-8

Noch mehr Kreativ-Bücher findest Du auf www.TOPP-kreativ.de

Dürfen wir vorstellen? Wir sind TOPP!

Uns, unsere Autoren, Bücher, Sets und viele, viele Bastelideen gibt's nicht nur auf Events und in Buchhandlungen, sondern natürlich auch online:

www.TOPP-KREATIV.de

www.YouTube.com/frechverlag

www.TOPP-KREATIV.de/Newsletter

www.Instagram.com/frechverlag

www.Facebook.com/frechverlag

www.Pinterest.com/frechverlag

www.TOPP-kreativ.de/DigiBib

DANKESCHÖN

Der größte Dank gilt meiner Familie. Sie sind meine Inspiration und meine Energiequelle. Wo ich zweifle, sind sie sich sicher. Sie bestärken mich in all meinem Tun und sind mein sicherer Anker. Ich glaube, egal was man tut, hat man solch eine Unterstützung von seinen Liebsten, ist ALLES möglich. Ein ganz besonderer Dank aber gilt meinem wundervollen Mann. Er ist es, der mir den Rücken frei gehalten hat, jeden Zweifel immer und immer wieder ausgeräumt und jeden Abend die Kinder ins Bett gebracht hat. Ohne dich, mein Schatz, wäre das hier nicht möglich gewesen. Du hast es gemeinsam mit mir getragen, mich ermutigt und mir gezeigt, zu was wir gemeinsam fähig sind. Ich liebe dich!

Ein großer Dank gilt meiner Mutter. Sie durfte leider nicht mehr miterleben, wohin mich mein Weg letztendlich geführt hat, aber ich bin mir sicher, sie schaut zu und könnte stolzer nicht sein. Ihre Perfektion ist mein immer angestrebtes Ziel. Mama, du bist mein Vorbild und meine Inspiration. Auch mein wundervoller Papa hat mich ebenso wie sie immer ermutigt und mich in all meinem Tun so sehr bestärkt. Ihr beide erlebt die Veröffentlichung des Buches leider nicht mehr, aber ich bin mir sicher, wo auch immer ihr seid, ihr köpft ein Fläschchen. Ich hätte keine besseren Eltern haben können und danke euch von tiefstem Herzen, dass ich euer Kind sein darf!

Liebe Veronika, du Topmodel! Drei Kinder, immer alle Hände voll zu tun und dann komm ich mit solch einem Projekt. Als wäre es selbstverständlich, nimmst du dir die Zeit, mich zu unterstützen und das Projekt zu etwas ganz Besonderem zu machen. Ich danke dir von Herzen und bin so stolz, DICH meine Freundin nennen zu dürfen.

Julia, mein Schatz, hinter jedem Chaot steckt ein Stratege und der warst bei diesem Projekt du! Unermüdlich hast du mir mit deinem unglaublichen Talent, alles strukturiert im Auge zu behalten, den Rücken für meine kreative Arbeit frei gehalten. Ich danke dir so sehr und bin mir sicher, das war erst der Anfang!

Liebe Claudia, ohne dich würde es kein Buch geben. Du und der frechverlag haben großes Vertrauen in meine Spontaneität und mein Können gesetzt. Dafür und für die wundervolle Zusammenarbeit danke ich dir und dem frechverlag von ganzem Herzen.

Ohne meine unglaubliche Schnittdirectrice Solveigh wäre das hier nur ein Bilderbuch ohne Mehrwert für die Nähwelt und ohne Anahita, Anna, Susanna, Vroni, meine Probenäherinnen und Michael müssten wir ohne diese bildgewaltige Inspiration auskommen. Ich danke euch für euer Talent und die tolle, zuverlässige Zusammenarbeit.

Kerstin Schreyer lebt mit ihrem Mann Michael und den beiden Kindern Leopold und Luise im beschaulichen Sonderhofen im schönen Unterfranken. Geboren wurde die 36-jährige in Joinville, Brasilien.
Obwohl die Liebe zur Handarbeit schon immer in ihrer Familie eine große Rolle spielte, zog es sie erst einmal in eine ganz andere Richtung. Der Liebe für kreative Arbeit aber blieb sie treu und entschied sich zu einer Ausbildung als Mediengestalterin. Ihr Weg führte sie durch diverse Branchen, brachte sie schließlich 2011 mit ihrer ersten Schwangerschaft zurück zur Handarbeit.
Fred von SOHO war Anfang 2012 einfach nur eine ganz verrückte Idee aus der schneller als gedacht ein Schnittmusterlabel für die ganze Familie entstanden ist. Aus Herzblut wurde ein Beruf und aus vielen kreativen Ideen entstehen jedes Jahr neue Schnitte für Groß und Klein.
Kerstin Schreyer legt besondern Wert darauf, dass ihre Schnittmuster so ausführlich erklärt sind, dass sie Anfängern den Einstieg erleichtern und erfahrenen Nähfans die Möglichkeit bieten, aus soliden Grundschnitten einzigartige Unikate zu zaubern.
Mittlerweile finden sich im Sortiment des Labels nicht nur Schnittmuster in digitaler Form, sondern auch zahlreiche Plotterdateien, Applikationsvorlagen, Tutorials und Freebooks rund um das Thema Nähen und DIY.

Hilfestellung zu allen Fragen, die Materialien und Kreativbücher betreffen: Frau Erika Noll berät Sie. Rufen Sie an: 05052/911858*
*normale Telefongebühren

Wir danken den Firmen Swafing GmbH, Nordhorn; Maute + Renz Textil GmbH Albstoffe, Albstadt und Plotter Prinzessin, Waxenberg für die Bereitstellung von wundervollen Stoffen und Accessoires für dieses Buch.

Der Downloadcode für die Plotterdateien lautet: 17578

Fotos: frechverlag GmbH, 70499 Stuttgart, Kerstin Schreyer (Step- und Materialfotos); lichtpunkt, Michael Ruder, Stuttgart (alle übrigen)

Produktmanagement: Claudia Mack

Lektorat: Beate Schmitz, Stegen

Umschlag-Design, Layout und Gestaltung: Petra Theilfarth

Druck und Bindung: Neografia, Slowakei

1. Auflage 2019

ISBN 978-3-7724-8172-8 • Best.-Nr. 8172